保险公司
操作风险
量化管理

赵 蕾◎著

中国财经出版传媒集团

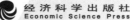

经济科学出版社
Economic Science Press

·北京·

图书在版编目（CIP）数据

保险公司操作风险量化管理/赵蕾著．－－北京：
经济科学出版社，2023.11
ISBN 978 - 7 - 5218 - 5143 - 4

Ⅰ.①保…　Ⅱ.①赵…　Ⅲ.①保险公司－风险管理－
研究　Ⅳ.①F840.322

中国国家版本馆 CIP 数据核字（2023）第 178998 号

责任编辑：周国强
责任校对：靳玉环
责任印制：张佳裕

保险公司操作风险量化管理
Baoxian Gongsi Caozuo Fengxian Lianghua Guanli
赵　蕾　著
经济科学出版社出版、发行　新华书店经销
社址：北京市海淀区阜成路甲 28 号　邮编：100142
总编部电话：010 - 88191217　发行部电话：010 - 88191522
网址：www. esp. com. cn
电子邮箱：esp@ esp. com. cn
天猫网店：经济科学出版社旗舰店
网址：http：//jjkxcbs. tmall. com
固安华明印业有限公司印装
710 × 1000　16 开　14.25 印张　230000 字
2023 年 11 月第 1 版　2023 年 11 月第 1 次印刷
ISBN 978 - 7 - 5218 - 5143 - 4　定价：82.00 元
（图书出现印装问题，本社负责调换。电话：010 - 88191545）
（版权所有　侵权必究　打击盗版　举报热线：010 - 88191661
QQ：2242791300　营销中心电话：010 - 88191537
电子邮箱：dbts@ esp. com. cn）

操作风险在金融风险管理中是一个相对年轻的研究领域。操作风险被人们所认识源于 20 世纪 90 年代的银行业，随后金融行业对其的重视程度逐步提高。2008 年国际金融危机后，虽然在金融监管的推动下，金融机构不断加大操作风险管理领域的投入，然而操作风险仍居高不下。

操作风险管理困难的主要原因是：第一，与其他金融风险相比，操作风险的原因更为复杂多样。第二，操作风险管理涉及几乎所有组织流程和业务活动。第三，一些操作风险事件的表现形式不断变化。第四，利用数据度量操作风险的方法与其他金融风险相比更加困难。因此，面对操作风险，金融机构既不能只靠传统手段粗放式管理，也不能只靠经济资本被动自保，而需要系统的量化管理。

2022 年我国开始实施《保险公司偿付能力监管规则（Ⅱ）》，其中操作风险被纳入风险综合评级予以评估，操作风险的大小将影响保险公司的监管类别。虽然规则Ⅱ没有提出对操作风险配置最低资本的监管资本要求，但已经提出了建立操作风险损失事件库、操作风险关键指标库，以及对保险公司操作风险的历史数据、经验分布和发展趋势进行评估的要求，显然监管机构已经向提出操作风险监管资本要求迈出了第一步。在监管推动下，我国保险公司必须从操作风险"识别认知阶段"迈进"量化监控阶段"，并未雨绸缪，为"缓释覆盖阶段"做好准备。数据信息的挖掘和量化分析方法的研究创造了转变操作风险管理的机会，我国保险公司可以借此从操作风险定性的手动控制转向数据驱动的量化管理。本书正是在这样的背景下诞生，力求为保险公司操作风险量化管理提供整体解决方案。希望本书能够为我国保险公司实施更加科学有效的操作风险自我评估，全面推进操作风险量化管理提供理论和技术支持，助力我国保险公司积极应对偿付能力监管新规，为保险业数字化转型和高质量发展贡献学术智慧。

本书选取保险公司作为操作风险主体，系统梳理研究了操作风险量化管理相关的概念、理论、方法和监管要求，对容易混淆和忽视的理论和实践问题进行了重点说明。

本书追溯了操作风险管理的起源与发展，分析了操作风险这一概念的内涵与外延，总结了操作风险的特点；讨论了操作风险数据的来源，总结分析了操作风险度量的目的及方法；讲解了我国监管机构对保险公司操作风险的评估要求及其影响。

构造风险划分体系是通过风险分类辨明风险外延的科学方法，也是深入研究和有效实施风险管理的必要途径。本书以综合经营和全面风险管理为目标构建了保险公司风险划分体系，明确了操作风险和其他类型风险的关系。分析总结了当前我国保险公司操作风险的特点，并采用三种分类原则对保险公司操作风险的分类进行了研究。

为了规范有效地积累和使用操作风险损失事件数据，必须首先建立操作风险数据模型。本书针对操作风险事件成因复杂的特点和一般数据模型的不足，提出了一种新的操作风险损失事件数据模型——操作风险拓扑数据模型。并基于此构建了一种操作风险整体度量方法——基于拓扑数据模型的影响图，研究了该方法的计算步骤。采用保险公司最基本的操作风险原因、运营环节和流程构造了保险公司操作风险影响图。以国内某家大型保险公司为研究对象，选取保险业务领域最常见的操作风险进行了算法的演示，得出了算例影响图所描述的操作风险一年内的总损失分布。

为了适应操作风险动态性的特征，积极应对保险业数字化、信息化加速发展给信息系统操作风险管理带来的挑战，本书以监管规则关注的四类信息系统操作风险的十三个风险诱因作为节点，构造了基于模糊认知图和贝叶斯网络的保险公司信息系统操作风险量化管理模型。该模型支持操作风险的动态评价与监控，有利于操作风险管理过程中技术选择的一致性和连续性。并以国内某家大型保险公司信息系统操作风险为算例，对其进行了评估和分析。对我国保险公司信息系统操作风险管理提出了建议。

人员是操作风险定义中提及的四大类风险原因之一。操作风险又具有损失数据的收集对人员依赖性高的特点。究竟应该设置怎样的激励机制才能在激励员工谨慎工作的同时，克服隐瞒事故的本能动机，减少操作风险事故发生后违规处置、延迟处置带来的损失扩大？为了研究这一问题，本书建立了一个具有双重目标的激励机制模型，并利用博弈论和委托代理理论对这一模型进行了分析。

最后，本书在以上研究的基础上，将操作风险管理理论与实务相结合，度量与管理相结合，从管理框架、管理工具、管理措施三个方面对保险公司操作风险量化管理的实施做了全面的梳理与讨论。

我国保险公司操作风险管理演进之路是我国保险业蓬勃发展的一个缩影。国际金融业操作风险管理起步比我国早，经验和技术更加丰富，但操作风险的特点决定了我们要走自己的路。在研究中，笔者一直本着"择其善者而从之，其不善者而改之"的理念，力求理论研究为实践服务。本书写作过程中得到了理论界和实务界学者、专家、朋友以及家人和学生们的大力支持和帮助，在此由衷感谢！本书中如有缺陷和问题，诚盼读者批评指正！

本书是笔者多年在操作风险管理领域探索的一个小结。希望能为中国保险行业高质量发展贡献微薄之力。

赵 蕾

上海对外经贸大学

2023 年 5 月

目　录

第 1 章

操作风险概述

1.1 操作风险管理的起源与发展

"operational risk" 一词早期引入国内时有多种翻译，虽然目前在金融领域，"操作风险" 这一翻译已被广泛接受，但仍有不同观点存在。要理解操作风险首先要理解其词根 "operation"，中文翻译为运作，它的起源来自管理学的一个传统的分支——生产运作管理。人们最初对生产过程的研究主要限于有形产品生产制造过程的组织、计划与控制。其相关的学科被称为 "生产管理学"（production management）。随着经济的发展，社会分工越来越细，服务行业的比重越来越大，人们开始把对服务行业无形产品产出过程的管理研究也纳入生产管理的范畴中，生产管理的研究范围从制造业扩大到了非制造业。这种扩大了的生产的概念，即 "投入 – 产出" 的概念，在西方管理学界被称为 "operation"，即运作。无论是有形产品的生产过程还是无形产品的提供过程，被统称为运作过程。"operations management" 被翻译为运作管理或运营管理。因此 "operational risk" 即是指运作过程中的风险，在非金融类公司风险管理中也翻译为运作风险或运营风险。在金融机构中，金融产品和服务的生产过程同时还伴随产生了保险风险、

1

市场风险、信用风险等非金融类公司运作过程中并不产生的风险，而这些风险是金融产品或服务本身产生的风险。对于金融机构来说纯粹的"生产过程"主要依靠人员操作，因此将金融机构的"operational risk"翻译为操作风险，强调其与非金融类公司运作风险的区别。

在企业风险（enterprise risk）管理中操作风险（operational risk）并不是一个新概念。企业风险一般被分为核心业务风险和操作风险，每一种再被细分。核心业务风险可以简单地认为是业务决策带来的风险，而操作风险是实施这些决策过程中的风险或外部事件带来的风险。

在金融机构中，银行业和证券业的机构主要业务决策产生的是信用风险和市场风险，它们是这两类机构的主要业务风险，而保险企业的主要业务是承保和投资，承保业务带来的风险称为保险风险，投资业务带来的风险主要是信用风险和市场风险。而这三类金融机构业务决策的执行过程和外部事件都会产生风险，即操作风险。

国际上，20 世纪 90 年代，一系列重大的事件震惊了国际金融界，比较著名的有：1991 年，国际商业信贷银行由于非法经营损失 10 亿美元；1995 年，由于交易员违规巴林银行倒闭；1996 年，日本住友银行由于长期越权交易总计损失 2.6 亿美元；1998 年，长期资本管理公司由于模型调整和压力测试不充分等操作失误损失 4.4 亿美元等。这些金融机构的惨痛损失并不是市场风险或信用风险事件所致，因此有人在金融领域提出了操作风险的概念，理论界和实务界开始重视操作风险的管理和研究。

计算机、信息处理等新技术的引入，互联网的发展，大规模的金融公司兼并与拆分，金融工程的发展和金融产品的多样化等变化不仅使得金融企业外部经营环境日趋复杂，而且使得企业内部运营方式不断更新，从而造成金融企业操作风险在总风险中的比例不断增加。2000 年一些英国金融风险管理专家猜测当时在银行中典型的经济资本分配比例约是：操作风险 20%、信用风险 70%、市场风险 10%；而他们预测未来操作风险和市场风险都将增加到 30%，而信用风险将减少到 40%（Lore et al. , 2000）。事实上到 2002 年，英国的一项调查就证实了操作风险增加的趋势，调查结果显示银行估计他们的风险来源中，35% 来源于操作风险，50% 来源于信用风险，15% 来源于市场风险（Cruz，2022）。

正是在这样的背景下，1998 年巴塞尔委员会（Basel Committee）公布了关于操作风险管理的咨询文件。2001 年 1 月巴塞尔委员会推出巴塞尔协议修订草案第二稿，首次将操作风险的度量和管理纳入金融机构的风险管理框架中。2004 年 6 月 26 日十国集团的央行行长一致通过《资本计量和资本标准的国际协议：修订框架》（*International Convergence of Capital Measurement and Capital Standards：A Revised Frameworks*，以下简称"巴塞尔协议 II"）。巴塞尔协议 II 彻底摒弃了过去"操作风险无法计量，因而不能为其分配资本"的概念，首次明确提出对操作风险计提资本金，并介绍了三种计算操作风险资本金的方法。但这些模型显然与信用风险、市场风险模型的精度相去甚远。巴塞尔协议 II 是国际金融界日益重视操作风险管理实践的一个总结，尤其是为操作风险配置资本的要求，使整个金融领域改变了对操作风险的认识，同时也对操作风险的度量和管理提出了新的挑战。

2008 年国际金融危机后，各国金融监管机构普遍加大了对错误销售、金融犯罪等操作风险事件的处罚力度。金融机构为了减少支付罚款纷纷加大了提升操作风险管理能力的投资，然而操作风险仍居高不下（如图 1.1 所示）。

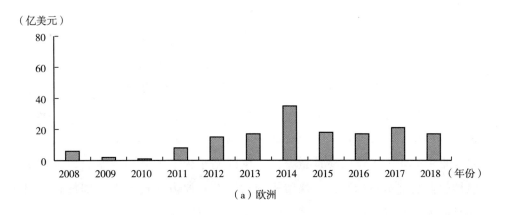

（a）欧洲

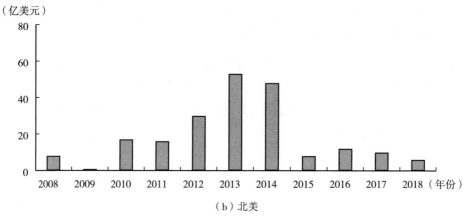

（b）北美

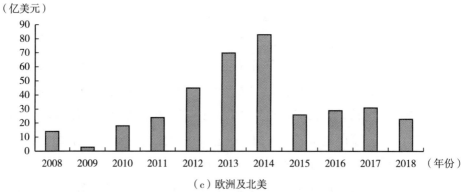

（c）欧洲及北美

图 1.1　国际金融危机后银行业操作风险成本、罚金和损失

资料来源：https：//www.mckinsey.com。

巴塞尔委员会在反思危机教训、总结各国经验的基础上，启动了巴塞尔协议Ⅲ资本监管框架改革。并于 2010 年正式公布了巴塞尔协议Ⅲ初步框架，2017 年 12 月 8 日公布了《巴塞尔Ⅲ：后危机改革的最终方案》（*Basel Ⅲ: Finalising Post-Crisis Reorms*，以下简称"巴塞尔协议Ⅲ"）。在巴塞尔协议Ⅲ中简化了操作风险计量方法，废除基于模型的高级计量法，废除敏感性较低的基本指标法，只保留标准法，并对原方法进行大范围修订，目的是压缩监管资本计量的套利空间，防止银行通过基于模型的方法过度降低监管资本要求。

虽然巴塞尔协议是银行业的监管协议，但是近年来伴随着金融业综合经营的趋势，各类金融机构关系密切，拥有多种金融机构的金融集团日益增多。加之银行业历史悠久，规模巨大，并且一直以来在金融风险管理技术上比较领先，因此每一版巴塞尔协议的出台都对金融市场上的各类机构都产生了重要的影响。随着巴塞尔委员会对操作风险重视和研究的加深，以及对操作风险定义的统一，操作风险已成为金融机构普遍认可的一种影响机构偿付能力和资本充足率的重要的风险。

从 2003 年启动编制，于 2016 年 1 月 1 日正式生效的欧盟第二代偿付能力监管体系（以下简称"Solvency Ⅱ"）包括了欧盟针对欧洲保险业提出的一系列监管规定。它的制定和出台与巴塞尔协议 Ⅱ 具有同样的背景，并且借鉴了巴塞尔协议的"三支柱"体系和风险分类方式。在偿付能力资本要求的测算中，Solvency Ⅱ 也将操作风险包括在内，使其成为与承保风险、市场风险、信用风险并重的四大类需要保险公司配置资本的风险之一。

2022 年，我国开始实施第二代保险公司偿付能力监管制度体系——《保险公司偿付能力监管规则（Ⅱ）》（简称"规则 Ⅱ"），其中操作风险被认定为固有风险[①]中的难以资本化为最低资本的风险，纳入风险综合评级予以评估，操作风险的大小将影响保险公司的监管类别及监管机构对其采取的监管政策或监管措施。我国保险公司进入了操作风险管理的新阶段。

近年来，以风险为基础的监管已经成为国际上银行业、保险业监管的基本理念和共同原则。银行业、保险业在激烈的竞争和日趋严格的监管中对操作风险管理越来越重视。先进的国际保险公司已经把操作风险管理列为风险管理的重要内容之一。

管理既是科学也是艺术。从金融业对操作风险的认识和研究过程，以及巴塞尔协议对操作风险监管要求的变化和我国规则 Ⅱ 中不难看出，操作风险管理亦是如此。既不能一味追求构造复杂的操作风险定量化模型，也

---

① 固有风险指保险公司在经营和管理活动中必然存在的、客观的偿付能力相关风险。

不能只靠传统的管理手段粗放式地管理操作风险。保险企业一方面应该明确操作风险管理的组织框架、管理流程，开发具有良好可操作性，并且能够为风险管理措施提供科学指引的操作风险评估工具；另一方面，也要在管理战略、企业文化、激励机制等方面对操作风险进行全面管理，针对操作风险的特点，在充分利用操作风险评估工具的基础上，与时俱进创造性地做出风险管理决策，实现操作风险的量化管理。

1.2　操作风险定义与特点

1.2.1　操作风险的定义

当 20 世纪 90 年代对操作风险的讨论刚开始的时候，国际金融界对操作风险的定义林林总总，不同的组织机构对操作风险提出了不同的定义，操作风险的定义还不够清晰。行业内使用的定义往往不统一或者有重叠，因此产生了许多混乱。对操作风险的定义可以大致有以下几种：

广义的定义（也是一种间接定义）是将操作风险定义为除市场风险和信用风险之外的一切金融风险。但是，这一定义显然太过宽泛，根据这一定义，很难对所有确认的操作风险进行度量和管理。

狭义的定义是将操作风险定义为由操作不当引发的风险。这与交易过程和系统失灵有关。尽管这些风险很容易被控制，但这在一定程度上遗漏了欺诈行为等所产生的重大风险。

折中的定义是将操作风险定义为金融机构所有可以控制的风险。这包括了如内部欺诈这样的风险，但不包括外部事件，如监管者或自然灾害的影响。

随着对操作风险研究的不断深入，人们需要对操作风险的内涵和外延进行清晰界定。在诸多定义中以英国银行家协会（BBA）所做的定义较为完整，BBA 认为：操作风险是由于内部流程、人员、系统的不完善或失误，或外部事件造成直接或间接损失的风险。这一定义得到了国际金融界广泛认可，在巴塞尔协议 Ⅱ 中，巴塞尔委员会充分借鉴了 BBA 对操作风险的定义。

巴塞尔协议 Ⅱ 规定：操作风险是由于不完善的或错误的流程、人员、系统或外部事件导致损失的风险。定义包括法律风险，但不包括战略风险和声誉风险。这一定义既明确了操作风险的来源，又便于对操作风险建立统一的损失数据库标准进行量化管理。同时，由于巴塞尔委员会在国际银行业的权威地位，以及这一定义的完整性和可操作性，目前该定义已被国际金融领域普遍接受。

我国银保监会发布的规则 Ⅱ 将操作风险定义为：由于不完善的内部操作流程、人员、系统或外部事件而导致直接或间接损失的风险，包括法律及监管合规风险（不包括战略风险和声誉风险）[1]。该定义侧重从操作风险的成因角度对操作风险进行定义，同时基本上沿用了巴塞尔协议中操作风险的定义，有利于我国保险业与国际接轨。为了保证研究成果的实用性，本书采用这一定义。

1.2.2 操作风险的特点

操作风险与其他金融风险不同，有其自身的特点。科学有效的操作风险的度量方法和管理方式必须要针对操作风险的特点进行选择和开发。以下是操作风险比较突出的特点。

（1）操作风险属于纯粹风险。与其他金融风险不同，操作风险不存在风险与收益的对应关系。操作风险是一种纯粹风险，因此对于金融机构来说承担操作风险只能带来损失，而没有获得收益的可能。但是金融机构实施有效的操作风险管理，可以降低收益的波动，减少非预期损失的冲击，

---

[1] 《保险公司偿付能力监管规则（Ⅱ）第 11 号：风险综合评级（分类监管）》。

从而增加企业的收益和股东价值，增强竞争力。

（2）操作风险分布具有厚尾特征。操作风险分布的厚尾特征已经得到了理论界和实务界的普遍承认。也正是那些构成操作风险分布尾部的巨额损失事件使得操作风险走进金融界风险管理者的视野，并逐渐成为金融风险管理的重要内容之一。为操作风险配置经济资本实际上就是要在一定程度上覆盖操作风险尾部的巨额风险损失事件。然而这类巨额损失事件对于一家金融企业来说发生的概率很小，因此必须充分挖掘那些稀少而宝贵的操作风险历史损失事件中蕴含的信息。

（3）操作风险具有多样性。操作风险覆盖金融经营管理的所有方面。巴塞尔协议Ⅲ将操作风险按照事件类型（7种）和业务环节（8类）两个维度将操作风险事件分成56个子类。规则Ⅱ从分类监管的角度将操作风险分为保险业务线的操作风险、资金运用业务线的操作风险、公司治理相关的操作风险、信息系统相关的操作风险、案件管理相关的操作风险和其他操作风险。可见即使是同样成因的操作风险，发生在不同业务领域也会有不同的表现，这使得操作风险具有明显的多样性。操作风险的多样性使得金融机构必须采取多样的操作风险量化方法和多样的操作风险管理措施。

（4）操作风险事件成因具有复杂性。操作风险事件（也称"操作风险损失事件"）是指由操作风险引发，导致金融机构发生实际或者预计损失的事件。通过公开披露的操作风险事件来看，不难发现，一个操作风险事件可能非常复杂，尤其是造成高额损失的操作风险事件。事后的调查显示，著名的巴林银行倒闭事件的产生是由于人员操作失误、越权交易、信息传递错误、系统漏洞、审计不严、流程不当等诸多原因，这件操作风险事件的复杂性甚至需要一本书[1]才能说明。操作风险具有存在多于一个原因诱发了风险事件或者多于一个原因共同造成了风险事件损失的特征，操作风险事件成因具有明显的复杂性。

（5）操作风险具有动态性。操作风险是由于不完善的内部操作流程、

---

[1] 尼克·李森：《尼克李森自传：我如何弄垮巴林银行》，中国经济出版社 1996 年版。

人员、系统或外部事件而导致直接或间接损失的风险。因此操作风险事件的种类、发生频率、损失幅度等都与企业流程、人员、系统、外部环境的变化密切相关。一旦企业执行了改变流程、人员、系统的管理决策或外部环境发生变化，企业的操作风险状况就会发生变化。当操作风险状况发生变化后，相关的操作风险历史数据将不再是企业当前操作风险的样本。所以，这一特征要求操作风险量化管理应具备适应操作风险动态变化的能力。

（6）操作风险状况具有个性化特征。正因为操作风险状况受企业管理决策等因素的影响，因此受企业管理决策影响的内部管理制度、组织结构、运作流程、人员素质、产品和市场的不同，甚至不受管理决策影响的文化差异、外部法律和监管环境的不同都会使企业的操作风险状况具有个性化特征。操作风险的这种个性化特征导致了外部数据不能直接利用，而需要一定的适用性调整。在实施操作风险管理时，必须充分考虑保险公司业务的特征、规模、复杂性和内外部管理环境。

（7）操作风险损失数据的收集对人员依赖性高。人为因素在操作风险成因中占了很大部分，只要与人员相关的业务都可能存在操作风险。对于人为因素引起的操作风险事故，其信息最及时有效的获取方式显然是依靠相关人员主动上报。然而心理学家费尔德曼总结了人类说谎行为的三个典型动机，其中之一就是自我保护，躲避惩罚。这也使得操作风险事故有一定的隐蔽性，很多操作风险事件发生后完全依赖监管或审计来发现会产生较高的发现成本，或造成损失处理的延误。

（8）操作风险数据收集成本相对较高。操作风险事件可能发生在企业的任何业务和部门中。为了收集操作风险数据，企业需要建立并保持畅通有效的数据收集渠道，还需要建立并维护操作风险数据库和相关的信息系统，甚至要配置专职人员，这些都需要企业的资源投入。因此操作风险数据收集成本与市场风险、流动性风险等金融风险的数据获取成本相比相对较高。

本书后续章节论述的保险公司操作风险量化管理方法将针对操作风险的特点提供解决方案。

第 2 章
操作风险量化管理的基础

操作风险量化管理的基础是操作风险数据和操作风险度量方法。本章将讨论操作风险数据的来源及其相关问题，以及操作风险度量的目的及方法。最后分析我国监管机构对保险公司操作风险的评估要求及其影响。

2.1 操作风险数据

操作风险数据是操作风险度量的基础。操作风险损失数据有其独特性，因此为了开发更有针对性的度量方法，首先需要对操作风险数据进行研究。

2.1.1 历史数据与主观数据

在风险评估中，从宏观视角来看，获得风险的损失频率与损失程度分布的方法无非以下两种：一是数理统计方法，即依据大量的样本信息（主要是历史损失数据）采用统计的方法获得；二是专家估计方法，即依靠熟悉研究对象风险状况的富有经验的专家依据少量的历史数据但主要靠知识和经验进行主观估计。因此操作风险数据按其性质划分主要有两类：历史数据和主观数据。

2.1.1.1 历史数据

历史数据是指风险主体对以往自身发生的操作风险损失事件记录整理而成的数据。历史数据属于操作风险客观数据。使用历史损失数据计算操作风险损失分布首先要满足以下基本假设：

（1）有充足的历史数据刻画风险特征。

（2）历史是可以重演的。

（3）基础单元中包含有充足的尾部数据可以保证建立精确的损失分布。

在实际计算损失分布时要对这些假设进行研究和检验，理解结果对这些假设的敏感性（Haubenstock，2003）。

第二条假设主要是为了保证损失分布的稳定性。因为频率的稳定性是统计的基础，它提供了一般地定义事件概率的一个客观基础。然而由于操作风险的特点，这一假设是最不易满足和需要修正的。

斯文森（Swenson，2003）指出，实际上企业都不是一成不变的，因而一次研究所追溯的时间越长，企业现存的风险和控制环境的损失数据关联度就越小。然而由于损失数据过少等原因，监管机构建议的目标期间为一年，显然在一年内大部分管理行动对企业的风险状况会产生影响。因此，在运用历史数据分析操作风险时，要对历史数据进行修正，或在建模时考虑风险主体和环境的变化，这些变化可能体现在如保险覆盖、关键风险指标、内控质量、业务持续计划、实际交易活动的衡量值、消费者价格指数等方面。如果某类损失事件个数在最近大幅增加，对这种不一致性必须要进行调整，在这种情况下只有最近的数据是有参考价值的。另外，佩西亚（Peccia，2003）还指出实际上可能还有其他许多与实际风险有更高关联度的数据，但这些数据不是不实用就是获取的成本太高。成本较低的数据风险敏感度也较低，这在保险业中应用已经很广泛了。

历史数据的另一个主要问题是无前瞻性。历史损失数据对于分析企业风险管理的薄弱环节具有很大的价值。但是历史数据只能代表过去，至少它们被用来预测将来的可靠性是值得怀疑的。因此可以用主观数据或情景分析等方法弥补。在这一问题上时间序列分析应该是无效的，因为操作风险的管理和环境在变化。

2.1.1.2　主观数据

由于操作风险的多样性，有些类型的操作风险表现为高频低损，历史数据相对充足，有些表现为低频高损，历史数据相对匮乏；有些类型操作风险历史数据可用性较好，有些类型可用性较差；有些保险公司操作风险数据库建设较早，数据质量较高，有些公司甚至尚未建设规范的操作风险数据库。因此在不适宜或无法使用客观数据的情况下，内部专家的主观估计是操作风险度量比较实际的数据获取方式。如果使用专家估计数据度量操作风险，要确保专家的评估最大可能的具有一致性、可比性、可验证性和真实性（Anders，2003）。

在获得了有效的专家的评估结果后，这些信息需要被转换成频率分布和强度分布的参数值。经过运行，可以分析实际损失数量和关键指标的变动情况是否与专家风险评估结果一致。

值得注意的是，业务及风险管理层对预期损失大都有比较直观的印象，但他们都缺乏判断非预期损失的直觉和经验。因为除了日常事件之外，比如保险欺诈等，非预期操作损失实在是太少了，管理层对这些事件的预测和处理基本上没有经验。他们对风险频率和强度做到的估计比纯粹的猜测好不了多少（Peccia，2003）。因此需要对专家估计的尾部进行适当修正。

2.1.2　内部数据与外部数据

操作风险数据来源主要有内部、外部两种。内部数据是指与金融机构自身的操作风险状况相关的信息。除了内部损失数据库外，内部数据的来源还有审计结果、内外部监管报告、基于企业的研究报告、信用评级机构的分析等其他第三方资源。巴塞尔协议Ⅲ指出与银行现有业务活动、技术流程和风险管理程序有明显联系的内部损失数据最有意义。

外部数据是指与风险主体相似的其他金融机构或主体所属行业操作风险状况的相关信息，这些数据与风险主体有一定的相关性，通过筛选和处理可以用来补充主体风险数据的不足。外部数据主要来自政府机构、监管机构、行业组织、金融集团，新闻界报道、其他公司通过媒体公布的信息及业务报告等。

尽管内部数据为操作风险分析提供了基础要素，但这些数据并非最理想的数据。一方面，内部数据反映的是过去发生的事件，因此无法将当前出现的流程和控制的变化考虑在内。另一方面，内部数据只能反映实际发生的事件，而非潜在的风险。解决这些问题的方法包括分析其他同类机构的损失、检测反映风险暴露的内部指标的变化趋势，以及专门的情景分析。通过使用这些"最坏情景"发现低频高损风险暴露。

借用同类机构损失（外部数据）可以补充金融机构自己的"损失"数据，帮助金融机构更加准确地计算出操作风险分布的尾部。然而由于操作风险具有个性化特征，外部数据的适用性，相关性仍是值得注意的。首先，外部损失事件对每个企业的相关性需要单独讨论，要考虑风险的次级种类或单个损失事件。其次，外部数据使用的标准业务线经常与本机构内部的组织结构不一致。哈丁（Hardin，2003）建议在这种情况下可以选择最匹配的业务线数据，也可以用两种或两种以上的标准业务线数据分布的加权平均数来表示。另外，雷诺等（Reynold et al.，2003）认为为了使用外部数据，可以使用相对相关方法，也可以使用贝叶斯方法等。卡尔霍夫（Kalhof，2004）则认为不同的文化和法律标准在这个问题上扮演了重要的角色。另外，可以借助信度理论（credibility theory），慎重地将外部数据用于估计金融机构自身的操作风险。也有学者提到利用相对关系方法使用外部数据。相对关系（relative relationship）方法是指使用公开的操作风险事件来对缺乏足够内部数据的风险估计其损失分布的过程中，考虑机构之间影响操作风险的各种因素之间的差异而产生的外部数据与本机构数据之间相对关系修正外部数据的方法。但是必须注意，引入过多的外部信息的也许会掩盖企业自身真实的风险。

2.1.3 数据的充足性问题

数据的充足性关系到操作风险度量的有效性。豪本斯托克等（Haubenstock et al.，2003）认为一般情况下，当损失事件个数大于100，并且包括有一些损失非常大的数据（尾部事件）时，就足以对风险进行直接建模。他们还提到经验显示对大部分风险而估计的最终分布形式在更大的数据集中并没有很大区别，即使是跨行业数据，只是使用的数据量越大结果就越稳定。哈斯等（Haas et al.，2003）的研究也表明随着数据数量的增加，参数估计值向正确值靠近得很慢。可见建模采用的数据量的确定应该综合考虑模型的有效性和数据获取的成本。然而对于有限的可用数据（或一个规则的损失时间序列）尤其是低频率/高损失数据，需要有克服这一问题或至少对这一问题有所考虑的模型。

当缺乏历史数据和有效的外部数据时（例如对新的业务领域而言），获得足够多的相关数据比较普遍的方法是通过精心设计的情景分析，人为地产生所需的损失数据（Haubenstock，2003）。情景数据还可能用来增大损失分布的尾部，但这种方法最好还是当作特殊情况。

巴塞尔协议Ⅲ要求用于操作风险监管资本计量的内部损失数据必须基于10年观察期。当银行首次实施新标准法时，如果没有5年以上的高质量数据，作为特例，5年观察期也可以接受。

2.1.4 数据的前端截断问题

金融机构内部损失数据必须全面，能覆盖全部子系统和区域的所有重要业务活动和风险暴露。在此基础上，仍有一个值得注意的是，与市场风险不同，操作风险损失数据通常只搜集大于某一门槛的数据。例如，巴塞尔协议Ⅲ要求：银行的银行应将损失金额2万欧元及以上的损失事件纳入损失数据收集及年度平均损失计算。各国监管机构可自主决定，允许第二组和第三组（业务指标大于 10 亿欧元）银行将用于计算资本要求的损失事件金额提高到 10 万欧元。这会使得金融机构内部数据具有前端截断。另外，金融机构可能不愿披露其内部系统的失败，媒体和监管机构更关心较大的损失事件等原因也可能造成外部数据出现明显的前端截断。卡尔霍夫等（Kalhoff et al.，2004）举例说明了对这种前端截断的数据建模会产生高估风险的趋势。

2.2 操作风险度量

按照最一般的对"风险"的定义，风险是一种随机事件。因此，风险度量就是通过一定的方法给出一个对这一随机事件的数学描述。

2.2.1 操作风险度量的目的

操作风险度量是操作风险量化管理的重要基础，主要有以下五个目的：

（1）提高对操作风险管理的重视程度。基于科学度量方法的操作风险的数学描述比仅凭主观经验和判断获得的语言描述有更高的可信度，可以使相关人员认识到企业操作风险的真实状况，提高其对操作风险管理的重视程度。

（2）支持操作风险覆盖安排。对操作风险可能带来的损失，公司应该事先做好弥补损失的风险覆盖安排。操作风险的预期损失可以通过预算管理、提取准备金等业务计划来抵补，非预期损失需要通过配置资本来缓冲。因此只有对操作风险进行度量才能实现科学有效的操作风险覆盖安排。

（3）改善风险管理决策。操作风险度量可以支持风险控制措施的成本效益分析、设定风险控制措施的优先级、制定风险控制成本预算，确保保险公司做出风险控制的最优决策，实现公司风险偏好下的风险成本最小化的目标。

（4）支持操作风险管理激励。任何管理决策的执行都需要配合相应的激励机制，尤其是操作风险管理对人员依赖性较大。只有对操作风险进行度量，才能了解操作风险状况的变化，衡量相关部门及人员操作风险管理效果，从而给予相应的奖励或处罚。没有操作风险量化评估结果，操作风险管理激励机制将成为空中楼阁。

（5）支持风险调整绩效评估。操作风险度量可以支持公司管理层评估操作风险的资本影响。对于及时准确的决策而言，基于风险调整的绩效度量是必要的，并且应在经济附加值（EVA）、风险调整资产回报率（RORAA）、风险调整的资本回报率（RORAC）、资本风险调整回报（RAROC）、风险调整后报酬对风险调整后资本（RARORAC）等指标中纳入操作风险，有助于做出精确的收益分析和投资决策。

为了实现操作风险度量的目的，操作风险度量方法需要完成两个关键任务：第一，清晰地描述潜在损失。操作风险是一种纯粹风险，即只能给企业带来损失而不会带来收益，因此，操作风险度量的基本任务是计量操作风险的潜在损失。风险损失需要的基本计量为：风险所导致的损失频率；风险所导致的损失幅度；单位时间内可能的总损失。在条件不足的情况下可以仅计量单位时间内可能的总损失。第二，在风险、风险原因及潜在损失间建立联系。对于风险原因与操作风险损失之间关系比较简单的风险类型，可以借助清晰明确的损失数据收集规则来提高两者关系度量模型的有效性。对于操作风险损失原因错综复杂，多种原因共同导致损失的操作风险类型，可以借助传统贝叶斯网络方法、本书第七章构造的基于拓扑数据模型的影响图方法、第十章构造的基于模糊认知图的贝叶斯网络方法等具有拓扑结构的度量模型，对风险原因与潜在损失之间的关系进行推理，对操作风险进行度量。

2.2.2　损失分布法

风险评估方法通常可分为定性评估和定量评估两类。操作风险定性评估方法主要有自我评估法、关键风险指标法、计分卡法、流程分析法、绘制风险图法等，本书不作详述。定量评估通常被称为风险度量。

损失分步法是一种操作风险度量的标准思路。巴塞尔协议 Ⅱ 将其作为推荐方法之一。巴塞尔委员会对损失分布法的定义是：它是一种在对损失事件频率和损失强度的有关假设基础上，对每一业务线/损失事件类型的操作风险损失分步进行估计的方法。巴塞尔协议 Ⅱ 的损失分布法并没有提出确定的计算公式，而是开放式的，银行可以根据实际情况做出适当的假设。

巴塞尔协议 Ⅱ 推荐了三种在复杂性和风险敏感程度方面渐次加强的操作风险度量方法：基本指标法、标准法、高级度量法（advanced measurement approaches，AMA）。高级度量法又包括内部计量法（internal measurement approaches，IMA）、计分卡法（scorecard approaches，SA）和损失分布法（loss distribution approaches，LDA）[1]。在这些方法中保险企业可以借鉴的主要是高级度量法中的损失分布法和计分卡法。

2.2.2.1 损失分布法的一般步骤

第一步，对各风险单元的操作风险损失严重程度进行建模（一般简称为损失强度估计）。$S_n = \sum_{i=1}^{n} x_i$（其中 x_i 表示第 i 次操作风险损失事件的损失值，n 表示在研究期内发生操作风险损失事件的次数，S_n 表示研究期内全部操作风险损失事件造成的总损失）。

第二步，对特定操作风险的研究期内（通常为 1 年）损失频率进行建模（一般简称为损失频率估计）。$f(n)$ 表示在研究期内操作风险损失事件

---

① 2017 年 12 月，巴塞尔委员会发布了《巴塞尔Ⅲ：后危机改革的最终方案》，该方案精简了操作风险框架，用单一风险敏感标准法（新标准法）取代了基于银行内部模型的高级计量法和标准法。新标准法的主要变化：一是用业务规模指标代替总收入指标，结合历史损失数据增加其对操作风险损失的敏感性和指标的合理性。二是利用内部损失乘数，体现银行操作风险管理水平的差异。内部损失乘数是银行 10 年平均历史损失和业务规模指数比例的函数，这一比例越小则内部损失乘数越小。新标准法延续了标准法基本理念，其实施主要是为了避免银行采用高级度量法可能产生的监管套利，创造相对公平的竞争环境，并非新的操作风险度量方法。

次数的分布。

第三步，将损失强度与损失频率结合估计该类操作风险在研究期内的总损失。$P(S \leqslant s) = \sum_{n=1}^{\infty} P(S_n \leqslant s \mid n) f(n)$ 或以密度函数表示为 $f(s) = \sum_{n=0}^{\infty} g^{(n)}(s) f(n)$。

第四步，将各类操作风险汇总，得出企业总体或各业务单位的操作风险。

第三步基本计算方法由简到繁如下：

①最简单的计算：假定损失固定为 L，总损失 = 频率分布 $\times L$。

②假定频率分布和损失分布相互独立，总损失 = 频率分布 $\times$ 损失分布，则总损失分布的均值和方差分别为：

$$E(S) = E(X) \times E(N)$$

$$V(S) = V(X) \times E(N) + V(N) \times E^2(X)$$

③假定两个分布相关，总损失 = 频率分布 $\times$ 损失分布。采用蒙特卡洛模拟、快速傅里叶变换、Panjer 算法、单个损失近似法等方法得到总损失的复合概率分布（Opdyke，2017）。

第四步基本计算方法由简到繁如下：

①假设各风险子类相关系数为 1，计算每个风险类别的总损失，然后汇总。

②假设各风险子类相关系数为 0，使用蒙特卡洛方法将所有分布合成总体损失分布。

③对各风险子类发生的相关性进行详细模型化。

2.2.2.2　损失频率分布建模

统计学中的泊松分布是适合对稀少事件发生情况建模的方法。建立损失频率模型，一般的标准是假设损失分布服从泊松分布。在泊松分布中仅有一个参数，这是由于均值和方差在数值上相等。假如两者不相等，可以用二项分布或负二项分布进行替代。[①] 豪本斯托克等（Haubenstock et al.，2003）认为负二项分布可能是更为保守的一种操作风险频率分布形式。

当认为一个操作损失过程中的（Reynold et al.，2003）：

事件是相互独立时——经常使用一种等方差泊松分布（具有固定的平均频率）。

各事件间有相关性时——会产生明显的厚尾频率分布（如负二项分布）（每年中更可能发生较多数目的操作损失事件）。

2.2.2.3　损失强度分布建模

操作风险损失强度分布可以选用的模型包括一些参数分布（parametric distribution）和非参数分布（non-parametric distribution）。常用的参数分布有正态分布、对数正态分布、贝塔分布、指数分布、伽马分布、威布尔分布和其他标准的连续分布。那些在性质上是"厚尾"和非对称的分布比较适合对操作风险损失强度分布建模。除了常用参数分布外，也有学者提出了其他的分布方法，例如，最小二乘法加权的右截尾分布可以显著降低资本估计的偏差（Xiaoping，2016）；使用 *g-h* 分布能较好展现操作风险损失分布的尖峰、厚尾和有偏（非对称）的非正态特性，计算的 VaR、ES 更具有合理性和准确性（陈倩，2017）；基于 BS 抽样的 PSD-LDA 两阶段损失分布法比单一损失分布法更准确（王宗润，2012），而基于复合 PG 的 PSD-LDA 还能够反映已经发生但未被曝光的操作风险事件等（陈迪红，2017）。非参数分布包括直方图、分段方法、从输入数据进行简单的再抽样（Reynold et al.，2003）。

如果参数分布模型设定导致估计值具有较大的差异，可以采用非参数分布和核估计等多种统计分析方法解决由模型设定带来的估计偏差问题。非参数估计方法是一种从大量的观测数据中抽取真实概率密度的技术，之前不用对实际分布作任何假设的统计分析方法。包括一些直方图或分段分

---

① 泊松分布是一种特殊的二项分布，而负二项分布允许方差大于均值。

布，或者输入数据进行简单的再抽样（Reynolds and Syer，2003）。土尔苏纳列娃等（Tursunalieva et al.，2011）使用非参数估计对美国业务操作风险损失进行了建模。杨继平等（2014）提出基于结构转换非参数 GARCH 模型的 VaR 估计，能够更好地拟合损失分布数据。另外，用核估计方法估计分位数可以提高估计的稳定性和可靠性（Harrel et al.，1982）。在损失分布由峰值组成时，使用核估计方法非常有用，因为年度损失的估计分布不是连续的（Reynolds，2003）。黄金波等（2014）提出基于 CVaR 核估计量的风险管理方法。

无论使用何种方法建立操作风险损失强度模型，模型的适用性都可以通过利用的历史数据进行模型验证的方法进行论证。

林源（2015）、陈迪红等（2017）、任达（2018）采用损失分步法利用外部数据对我国财险企业欺诈类操作风险度量进行了研究。胡志军等（2017）使用某保险公司内部操作风险损失数据采用损失分步法对公司操作进行了研究。

2.2.2.4　极值理论的应用

在为操作风险损失程度建模时，找到一个能充分拟合低频高损事件的分布是非常困难的。有些操作风险损失数据集包括两个截然不同的部分：表现为高频低损特征的分布主体部分、表现为低频高损的分布尾部。要获得这两个子集的适当的拟合和文件的结果需要有不同的分布完成。对尾部建模可以采用极值理论。麦克尼尔（McNeil，1999）分析了极值理论在操作风险量化管理中的应用，但只进行了理论分析，没有提出具体的操作风险管理对策。金（King，2001）提出了 Delta-EVT 模型，从理论上分析了如何运用 Delta 因子来测算低频高损事件的损失以及如何运用极值理论从事低频高损事件的操作风险计算。梅多瓦等（Medova et al.，2001）运用极值理论，通过对一家欧洲投资银行的交易数据进行实证分析，并与其他方法进行比较，验证了极值理论在度量操作风险计量中的准确性，但是损失数据的不足是该方法的一个制约因素。目前应用极值理论进行建模已成为操作风险尾部建模的常用方法。

2.2.3　贝叶斯网络

贝叶斯网络最早由珀尔（Judea Pearl）于 1988 年提出，是一种基于概率的不确定性推理网络。它是用来表示变量集合连接概率的图形模型，提供了一种表示因果信息的方法。当时主要用于处理人工智能中的不确定性信息，最后成为处理不确定性信息技术的主流。亚历山大（Alexander，2003）、朱迪西（Giudici，2004）较早地将贝叶斯网络引入操作风险度量中。贝叶斯网络作为一个灵活的非线性非参数的因果模型，在风险诱因之间的相互作用越来越复杂和损失数据缺乏的情况下，相较于统计模型更能解释操作风险中的因果关系（Cowell，2007；Hager，2010）。另外，采用贝叶斯方法可以弥补风险管理中数据缺乏的不足（Neil et al.，2005）。贝叶斯网络可以将定性和定量信息结合起来进行损失估计，尤其对于低频高损操作风险损失估计来说是一种优越的解决方案（Ramamurthy et al.，2005）。

贝叶斯估计是常用的一种参数估计方法，它可以将客观数据和主观数据结合在一起对参数进行估计。可以应用贝叶斯估计以评价结果、风险指标、审计结果等主观数据对历史数据得出的参数进行修正。与极大似然估计和其他经典估计法（如矩估计）相比，贝叶斯估计更适用于操作风险参数进行估计，这是因为操作风险损失数据中有很强的主观性（Alexander，2003）。为了解决操作风险数据不足问题，也可以采用了蒙特卡洛模拟的方法模拟操作风险的实际数据，在此基础上使用贝叶斯方法估计操作风险损失（Dalla et al.，2008）。

一般应用贝叶斯网络度量操作风险的结果可以用来支持操作风险的管理决策，而对于为操作风险配置资本的度量需要则显得结果的主观性太大。在操作风险管理方面，贝叶斯网络可以提高风险管理的透明度，在分析者头脑中描绘出了整个的经营过程，对同一个问题可以建立多个贝叶斯网络框架，不仅这种网络框架的设计是对个人选择开放的，而且在某些问题上数据也可以是主观选择的。操作风险贝叶斯网络的构建通常选择关键风险指标（KRIs）作为目标节点，注重分析关键风险诱因（KRDs）对风险的影响，从而采取风险管理决策。但是运用贝叶斯网络模型要注意运用返回检验。返回检验就是将预测结算损失与实际损失相比较，做一个拟合度检验。通过对适合的历史数据在一年的时段内进行返回检验，最好的贝叶斯网络就是拟合度表现最好的一个。另外，贝叶斯网络非常容易进行情景分析和敏感性分析，既可以对引致操作风险的因素进行，也可以对市场风险因素以及信用风险因素进行分析。因而风险经理就可以集中精力关注那些对操作风险影响最大的风险因素，并且将操作风险的度量与市场风险和信用风险结合起来。贝叶斯网络也可以用于构建操作风险预警系统。国内外学者对贝叶斯估计和贝叶斯网络在操作风险度量和管理上的应用做出了大量研究，但研究对象主要是银行。我国学者在操作风险管理领域进行了贝叶斯网络的搭建和分析，但均采用客观数据且主要针对商业银行（温树海，2005；刘家鹏，2007；陆静，2008，2012）。这些方法在保险公司操作风险度量上同样可以使用，但尚未有文献对保险公司操作风险进行贝叶斯网络的构建。

2.2.4 模拟法

假设所有先前发生的损失会以相同的概率再次发生，则重复抽样样本可以直接从过去损失向量 $\{x_i\}$ 中抽取。更确切地讲，隐含的假设是在给定的 n 的情况下损失事件间是条件独立的。在模拟法中选择的方法不是对数据拟合一个光滑参数模型来求损失分布，而是简单对输入数据进行再抽样。

$$Z = \sum_{i=1}^{n} \hat{X}_i$$

模拟法可以处理一些特殊形式的频率及损失程度之间依赖关系。在模拟规则中还要考虑数据是截尾的，并为之拟合一个具有相同截尾点的截尾分布。另外,可以设计一种"自我修正行为"的规则,使第一个损失事件的损失分布不同于以后时间的损失分布,从而模拟出业务单元从其失误中寻找教训的过程。

2.2.5 其他相关研究

2.2.5.1 相关关系

这里相关关系包括各种风险类型之间、损失事件之间、损失强度与频率之间的相关关系等。为了更加准确地度量操作风险,需要在操作风险度量建模中考虑各随机变量的相关关系。相关系数是两个随机变量联合分布的一阶矩的标准化形式,它并不一定是两个变量间的相关关系好的测量指标。在操作风险中更有意义的是考虑一般的相关关系。

(1)频率、强度之间。解决操作损失过程之间的相关关系问题的最简单的思路是:假设损失频率间彼此相关,而损失量与损失事件个数间是条件独立。即与标准精算方法相一致。也可以建立一些复杂模型来分析各种相关关系。

对频率间相互依赖性进行建模确实是非常重要的,因为观测结果表明操作风险损失是按时间聚类而不是按损失大小聚类。弗拉绍等(Frachot et al. , 2001)建议使用多变量泊松分布来对相关性损失频率建模。但是这种方法仅仅对两种频率分布的累加有可操作性。

(2)风险类型之间。常用的处理操作风险类型之间相关关系的方法主要有两种。一种方法是使用 COPULA 函数来定义风险类型之间的相关关系。将其运用到 VaR 值的计算中,可以较为有效地解决对操作风险进行简单加总计算风险资本出现的误差问题。另一种方法是通过共同风险因子确定风险类型之间的相关关系。共同风险因子即是各种类型操作风险共同的风险诱因,与各种类型操作风险间的相关关系联系在一起的。因此,与其费力在所有业务线和风险类型上各种操作风险间建立相关系数,还不如仔细分析关键风险因子的变化可能会对不同操作风险类型的关键指标带来的影响，从而把握操作风险间的相关关系。可能的共同风险因子有风险管理者、风险的地理分布、控制作用者、实施控制的系统或人员组等。

2.2.5.2 敏感性测试

有关损失、损失频率、保险和相关关系的许多假设是建模过程中的内在假设。所有这些主要假设都应该进行敏感性测试。通过改变这些假设，可以求出可能结果的范围，从而对计算结果的变化主要原因进行深入分析。

在一般情况下，应该使用压力测试来分析结果对如下变量的敏感程度（Hardin，2003）：①频率，上下变化 20%；②单个事件损失上限增加 100% 和减少 50%；③基准单元；④曲线拟合，截断点（下限），去掉一个可能的极值，增加一个高损失数据。对于关键风险因素也应该构建风险评估的敏感性模型（Pezier，2003；Blunden et al.，2010）。

2.2.5.3 经济资本

需要说明的是风险有很多种描述方式，一般地，对于符合正态分布的风险可以通过其方差来描述。但是对于分布具有峰度、偏度或厚尾特性的风险仅用方差是不足以描述其特性的。在金融领域，VaR 是一种描述风险的方式，它符合机构对风险尾部关心的需要。而经济资本也是一种描述风险的方式，它则体现了机构对非预期损失的关心。

经济资本是指在一定置信水平下，金融机构未来能够承担一年内的损失而必须持有的资本金数量。经济资本的设定是为了覆盖非预期损失，非预期损失的定义为实际损失与预期损失之差。如前所述，预期损失应该由业务计划来抵补，因此只有非预期损失才需要经济资本。如图 2.1 所示，经济资本的数量等于损失概率分布中第 α 分位数与预期损失的差，其中 $\alpha\%$ 是置信水平。

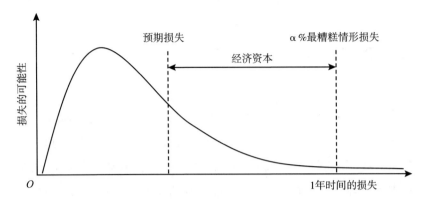

图 2.1　根据损失分布计算经济资本

注：置信水平为 $\alpha\%$，观测期为 1 年。

由于操作风险经济资本也是操作风险本身的一种表达方式，因此，操作风险经济资本模型与操作风险度量模型的核心方法没有差别，只是模型输出的表达形式不同。

经济资本模型本身必须符合四个基本条件：一致性（经济资本的变动能准确反映不同业务类型的风险变动）、可靠性（经济资本的绝对额能准确描述风险水平）、成熟性（风险组合小的变动不会导致输出结果大的、跳跃式的变化）、稳定性（不同时间段的经济资本数量可以在模型基础上进行比较）。操作风险经济资本度量模型也应该类似地满足这四个条件。有些操作风险经济资本模型的建模方法忽略了分布与具体参数值的差异，直接加以确定。每次数据变化相应会引起经验性的或理论性的概率分布函数发生变化。在这种方法中，并不存在对事件分布种类的任何假设。结果是得出的模型不甚明确或者说过于独立化，因此并不满足前面提出的准则（Anders，2003）。

置信水平等于在一年内金融机构不会用光资本金的概率。在进行操作风险经济资本度量时置信水平的选取，可以根据监管机构的要求，也可以根据公司维持信用评级的要求，或者根据公司风险容忍度来确定。通常可以选取 99.5% ~ 99.97%。巴塞尔协议中要求的置信水平为 99.9%。

2.3 我国监管机构对保险公司操作风险评估的要求

保险公司必须遵守监管机构的监管，因此保险公司操作风险量化管理除了要实现自身风险管理目标外，还必须满足监管机构对操作风险评估的监管要求。我国监管机构对保险公司操作风险的监管要求最早出现在2004年4月中国保监会发布的《保险资金运用风险控制指引（试行）》中。该文件要求保险企业和保险资产管理公司建立一套完备的风险控制量化指标体系，其中包括建立操作风险量化指标。目前，我国执行的保险公司操作风险监管要求主要来自中国银保监会于2021年12月出台、2022年开始实施的《保险公司偿付能力监管规则（Ⅱ）》（以下简称"规则Ⅱ"）。

规则Ⅱ把保险公司偿付能力风险分为固有风险和控制风险，可资本化的固有风险和控制风险通过最低资本进行计量，难以资本化的固有风险纳入风险综合评级予以评估。操作风险被认定为固有风险中的难以资本化为最低资本的风险，纳入风险综合评级予以评估。

风险综合评级[①]，即分类监管，是指银保监会根据相关信息，以风险为导向，综合分析、评价保险公司的固有风险和控制风险，根据其偿付能力风险大小，评定为不同的监管类别，并采取相应监管政策或监管措施的监管活动。

在对操作风险等固有风险进行评价的基础上，银保监会结合保险公司的偿付能力充足率等相关指标，得到对保险公司偿付能力风险的综合评级。

按照偿付能力风险大小保险公司分为四个监管类别：

A类公司：偿付能力充足率达标，且操作风险等固有风险小的公司。根据风险由小到大进一步细分为 AAA 类公司、AA 类公司、A 类公司。

B类公司：偿付能力充足率达标，且操作风险等固有风险较小的公司。

---

① 《保险公司偿付能力监管规则（Ⅱ）第11号：风险综合评级（分类监管）》。

根据风险由小到大进一步细分为 BBB 类公司、BB 类公司、B 类公司。

C 类公司：偿付能力充足率不达标，或者偿付能力充足率虽然达标，但操作风险等固有风险中某一类或几类风险较大的公司。

D 类公司：偿付能力充足率不达标，或者偿付能力充足率虽然达标，但操作风险等固有风险中某一类或几类风险严重的公司。

按监管规定，偿付能力达标须同时满足三大条件：一是核心偿付能力充足率不低于 50%；二是综合偿付能力充足率不低于 100%；三是风险综合评级在 B 类及以上。只要保险公司操作风险被评为较大或严重，无论偿付能力充足率是否达标，保险公司综合评级都不能达到 B 类及以上，即不能实现偿付能力达标。表 2.1 展示了规则 II 执行首年度保险公司偿付能力综合评级情况。

表 2.1　　　　　保险业偿付能力综合评级状况（法人）（2022 年）　　　单位：家

指标	机构类别	第一季度末	第二季度末	第三季度末	第四季度末
风险综合评级	A 类公司	50	42	43	49
	B 类公司	107	115	114	105
	C 类公司	15	15	15	16
	D 类公司	8	9	9	11

资料来源：国家金融监督管理总局。

风险综合评级采用加权平均法，其中可资本化风险评分所占权重为 50%，难以资本化风险评分所占权重为 50%。监管机构根据风险的外部环境、分布特征、预期损失、历史经验数据、日常监管信息等多种因素对操作风险等四类难以资本化风险设定分类监管指标，进行评分，采用加权平均法计算难以资本化风险的综合得分。

银保监会主要从以下五个方面评估保险公司的操作风险：第一，评估公司操作风险的外部环境，包括行业操作风险的总体水平和趋势；第二，评估各业务线的内部控制程序和流程、操作风险的历史数据、经验分布和发展趋势；第三，评估公司可能导致操作风险的人员因素，包括人员的专业能力、离职率、绩效管理等；第四，评估公司信息系统存在的问题和风险，包括系统设计缺陷、软件/硬件故障或缺陷、信息安全和数据质量等方面的风险；第五，评估可能导致公司操作风险的外部因素，包括法律法规、监管政策、不可抗力等。

综上可见，虽然规则Ⅱ没有提出对操作风险进行度量和配置最低资本的监管要求，但操作风险的评估结果会影响到保险公司的综合评级以及监管类别。同时，规则Ⅱ提出了对保险公司操作风险的历史数据、经验分布和发展趋势进行评估的要求，显然监管机构已经向操作风险度量及配置资本要求迈出了第一步。监管的推动、数据的可用性和量化分析工具的潜在应用为我国保险公司创造了从操作风险定性的手动控制向数据驱动的操作风险量化管理转变的机会。

第 3 章

保险公司风险划分体系

从方法论角度来看，分类是科学研究的主要内容之一。内涵指概念所反映事物的特有属性，外延指具有概念所特有属性的事物，分类则是辨明概念外延的逻辑方法。因此构造风险划分体系是通过风险分类辨明风险外延的科学方法，也是保险公司风险管理研究深入的必要途径。

研究对象的分类并非绝对或唯一的，而是视研究目的而定的。保险公司的风险分类也可以基于不同的目的，而得出形式多样的风险体系，但是分类的目的决定了分类的价值，目的不明确或无目的的风险分类不仅对保险公司风险管理贡献甚微，甚至还会阻碍其发展。

3.1 保险公司建立风险划分体系的目的

保险公司建立科学的风险划分体系除了要为公司风险管理服务以外，还应实现以下目的。

3.1.1 满足经营风险的需要

如果说金融公司是经营风险的公司，那么银行和证券业公司是经营投机性风险的公司，而传统保险公司则是经营纯粹风险（可保风险）的公司。但是，随着保险公司规模的不断增大和综合经营趋势的发展，现代保险业以金融创新产品和保险资金运用等各种方式更加积极、广泛参与金融市场。现代保险公司不但要经营纯粹风险，而且可以通过承担各类金融风险而获利。例如，近年来快速增长的保证保险业务，就是保险公司经营信用风险实例。与此同时，国际金融界激烈的竞争已逐步表现为风险管理技术和管理水平的竞争。因此保险公司的风险划分应该为保险公司经营风险服务，以便保险公司在与其他类型金融机构的交易和竞争中，以一致的框架衡量风险和风险收益、评估风险管理水平和风险管理效率，为业务决策、战略决策提供更加科学的依据。

3.1.2　充分利用各类风险管理工具

保险公司应建立层次清晰、定义明确、外延完备，并且能与其他类型金融公司相容的风险识别体系，以便充分利用和借鉴金融界已有的风险管理工具和风险管理的理论研究和实践成果，更好地融入国际金融界风险管理的研究和实践中，提高风险管理水平，从而在保险市场和金融市场上都获得丰厚的利润。

3.1.3　为综合经营创造全面风险管理基础

金融行业综合经营的趋势日趋明显，金融集团不断增多。正是在这样的背景下，2020 年 9 月中国人民银行颁布了《金融控股公司监督管理试行办法》。2021 年 11 月中国银保监会颁布了《保险集团公司监督管理办法》。保险公司无疑是金融集团的重要组成。保险公司有必要构造符合自身特征又可以与其他类型企业相容的风险划分体系，为综合经营创造全面风险管理的基础，做好技术和管理上的准备，为未来总体风险的统一度量、加总、控制和监管提供便利。

3.2 风险划分体系应满足的条件

3.2.1 满足分类规则

分类规则是任何分类过程必须遵守的基本规则，也是检查分类是否正确的准则。因此金融公司风险划分体系首先必须满足分类规则。分类规则主要有四条：

（1）完备性。科学意义上，划分出来的种的总和，应当等于属概念的外延。$M = P_1 + P_2 + \cdots + P_n$。实践意义上，可能发生的每一个风险事件都能归为一个风险类别。风险划分体系的完备性是公司全面风险管理的基础。

（2）独立性。科学意义上，根据种差划分出来的各个种项互不相容，具有全异关系。实践意义上，可能发生的每一个风险事件只属于一种风险类型。

（3）准则唯一性。每一层次只有一个分类准则。

（4）逻辑等级清晰。逻辑等级保证分类的严谨性和直观性。不在同一等级的风险不能并列罗列和讨论。

3.2.2 定义清晰

科学意义上，定义项一般是属加种差，清晰的定义是形成类别体系的基础。实践意义上，风险划分体系是公司进行风险管理的基础，而风险管理不是某个部门的工作，而是需要全体员工参与，金融公司要形成良好的公司风险文化，因此各类风险的定义必须清晰，便于全体员工理解，并且保证在风险事件的记录、统计、监控和汇报时不会产生错误。

3.2.3　便于风险度量

保险公司风险管理的高级阶段必须对风险进行准确的度量，以此来衡量覆盖风险的资本需求、风险转移或风险控制的成本效益等。因此科学的风险划分体系必须为风险度量创造有利条件。

3.2.4　便于风险控制

度量的目的是为风险管理决策提供依据。仅按风险的数理表现特征来划分风险虽然可能满足度量要求，但是度量结果对公司采取风险控制措施可能没有贡献。因此，金融公司风险划分体系在度量要求的基础上还必须兼顾风险政策的要求，以便根据风险状况采取风险控制和转移措施，使度量结果获得最大的经济效益。

3.2.5　相对稳定

保险公司的风险划分体系应当相对稳定，以便公司内参与风险管理的各类人员对各类风险加深认知和积累管理经验，减少一系列管理变更带来的成本，同时保证风险数据库运行的稳定，提高风险评估结果的可比性。

3.2.6　与监管要求兼容

大部分保险公司都面临严格的监管。美国次贷危机以来，国际保险监管机构普遍加强了对保险公司风险管理、偿付能力和资本要求（最低资本、风险资本等）的监管，我国也是如此。无论是偿付能力监管要求还是资本监管要求都与保险公司风险有关。因此，为了达到监管的规范性要求，提交各类指标和报告，保险公司必须使自身的风险划分与监管要求兼容。

3.2.7 与其他金融公司风险划分体系兼容

保险公司建立的风险划分体系应与其他金融公司风险划分体系相容，从而实现前文阐述建立风险划分体系的三个目的。

3.3 保险公司风险划分现状

国际上保险公司的风险分类方法各异，并没有形成一种统一的划分形式。这些分类主要来源有两类：各国保险业监管机构为了监管保险公司的资本充足率和鼓励其控制风险而提出的风险体系；学术文献在进行保险公司风险管理的研究中提出的风险体系。

3.3.1 监管机构的风险划分

3.3.1.1 《保险公司偿付能力监管规则（Ⅱ）》中的风险划分

《保险公司偿付能力监管规则（Ⅱ）》（以下简称"规则Ⅱ"）提出保险公司偿付能力风险由固有风险和控制风险组成。固有风险指保险公司在经营和管理活动中必然存在的、客观的偿付能力相关风险，包括可资本化为最低资本的风险和难以资本化为最低资本的风险；控制风险则是指因保险公司内部管理和控制不完善或无效，导致固有风险未被及时识别和控制的偿付能力相关风险。其中，固有风险由可资本化风险和难以资本化风险组成，可资本化风险包括保险风险、市场风险和信用风险；难以资本化风险包括操作风险、战略风险、声誉风险和流动性风险。规则Ⅱ中的风险划分见表3.1。

表 3.1　　　　《保险公司偿付能力监管规则（Ⅱ）》中的风险划分

类型	内涵	外延	资本要求
固有风险	保险公司在经营和管理活动中必然存在的、客观的偿付能力相关风险	保险风险、市场风险、信用风险	可资本化风险最低资本
		操作风险、战略风险、声誉风险、流动性风险	无
控制风险	因保险公司内部管理和控制不完善或无效，导致固有风险未被及时识别和控制的偿付能力相关风险	保险公司偿付能力风险管理能力	控制风险最低资本

3.3.1.2　《保险集团公司监督管理办法》中的风险划分

为加强对保险集团公司的监督管理，有效防范保险集团经营风险，促进金融保险业健康发展，2021 年 11 月中国银保监会出台了《保险集团公司监督管理办法》。办法要求保险集团建立覆盖集团整体的风险管理体系，提高集团整体运营效率和风险防范能力。办法指出保险集团风险包括但不限于："（一）一般风险，包括保险风险、信用风险、市场风险、流动性风险、操作风险、声誉风险、战略风险等；（二）特有风险，包括风险传染、组织结构不透明风险、集中度风险、非保险领域风险等"。《保险集团公司监督管理办法》中的风险划分见表 3.2。

表 3.2　　　　　　　　　保险集团公司风险划分

一级分类	二级分类
一般风险	保险风险、信用风险、市场风险、流动性风险、操作风险、声誉风险、战略风险
特有风险	风险传染、组织结构不透明风险、集中度风险、非保险领域风险

3.3.1.3　《保险公司风险管理指引（试行）》中的风险划分

2007 年 4 月，为强化保险公司风险管理，加强保险监管，提高风险防范能力，中国保监会制定了《保险公司风险管理指引（试行）》。该指引将风险定义为：对实现保险经营目标可能产生负面影响的不确定性因素。指引要求保险公司应当识别和评估经营过程中面临的各类主要风险，包括：保险风险、市场风险、信用风险和操作风险等。保险公司还应当对战略规划失误和公司治理结构不完善等给公司带来不利影响的其他风险予以关注。《保险公司风险管理指引（试行）》中的风险划分见表 3.3。

表 3.3 　　　　　《保险公司风险管理指引（试行）》中的风险划分

风险类型	风险管理要求
保险风险、市场风险、信用风险和操作风险等	识别和评估
战略规划失误和公司治理结构不完善等给公司带来不利影响的其他风险	予以关注

3.3.1.4 《人身保险公司全面风险管理实施指引》中的风险划分

2010 年 10 月中国保监会发布了《人身保险公司全面风险管理实施指引》。该指引中风险的定义与《保险公司风险管理指引（试行）》一致。其将人身保险公司在经营过程中面临的主要风险分为七类：市场风险、信用风险、保险风险、操作风险、战略风险、声誉风险、流动性风险。并要求人身保险公司在上述风险分类的基础上，结合自身业务特点，建立健全本公司的风险分类体系，将各类风险进一步细化至次级分类及风险事件。

3.3.1.5 《金融控股公司监督管理试行办法》中的风险划分

中国人民银行 2020 年 9 月颁布的《金融控股公司监督管理试行办法》[①] 中规定，金融控股公司应当要求所控股金融机构限期建立全面风险管理体系，督促所控股金融机构采取定性和定量相结合的方法，识别、计

---

① 《金融控股公司监督管理试行办法》，中国人民银行 2020 年 9 月 11 日颁布 2020 年 11 月 1 日起实施。

量、评估、监测、报告、控制或缓释所控股金融机构所承担的各类风险。并将各类风险分为信用风险、市场风险、流动性风险、操作风险、声誉风险、战略风险、信息科技风险以及其他风险。

3.3.1.6　国际监管机构的风险划分

2016 年 1 月 1 日，欧盟第二代偿付能力监管体系（Solvency Ⅱ）规定，偿付能力资本要求的计算必须考虑到保险公司所面临的四类风险：承保风险、信用风险、市场风险以及操作风险。其中承保风险可根据保险公司所从事的不同险种分为寿险风险、非寿险风险、健康风险。美国的风险资本（RBC）模型体系在人寿保险公司的风险资本公式中包括四类主要风险：资产风险、保险风险、利率风险和营业风险（business risk）；在财产保险公司的风险资本公式中也包括四类主要风险：附属公司的担保与或有债务风险、资产风险、信用风险、承保风险。英国金融管理局将保险公司风险分为市场风险、信用风险、流动性风险、承保风险、操作风险和集团风险。

3.3.2　学术文献的风险划分

圣梅罗等（Santomero et al.，1995）将保险公司风险分为：精算风险、系统风险、信用风险、流动性风险、操作风险、法律风险。D. 法尼（2000）将保险公司风险分为业务风险、公司管理职能风险、内部和外部原因风险。业务风险包括来自保险业务、投资业务和其他业务的风险；公司管理职能风险包括采购风险、生产、销售、财务风险；内部和外部原因风险包括来自错误信息、错误决策等企业内部风险，来自监管机构和顾客、供应商等因素的外部风险。约瑟夫等（Joseph et al.，2008）以价值驱动因素为标准将保险公司风险分为财务风险、保险风险、操作风险和治理风险等四类风险。

张君等（2003）按照保险经营环节将保险公司风险划分为承保风险、定价风险、理赔风险、投资风险。刘新立等（2003）按照产生风险的环境将保险公司风险划分为一般环境的风险、行业环境的风险、公司环境的风险。赵宇龙等（2005）提出以资产负债表为基础的保险公司风险模型，将保险公司风险分为五类：投资风险、信用风险、保险风险、资产负债匹配风险和治理风险。卓志等（2010）从经济周期视角，将保险公司风险分为环境风险、行业风险和个别风险。环境风险包括政治风险、政策风险、宏观经济风险、社会风险、自然风险；行业风险包括市场风险、财务风险、法律与监管风险、巨灾风险。个别风险包括治理结构风险、承保风险、投资风险、信用风险、操作风险。

综上可见，无论是监管机构还是学术文献均基于各自的目的对保险公司风险进行了分类。这些目的包括偿付能力评估、风险控制、集团风险管理、保险公司经营、资产负债管理、应对经济周期等。从研究的角度看，保险公司风险划分可以有多种形式。但从实际操作角度，为了满足风险划分体系的稳定性，保险公司应谨慎地建立一套自身的风险划分系统。如果保险公司的风险划分系统能够实现本章 3.1 节阐述的三个目的，同时满足 3.2 节阐述的七个目的，将可以在可预见的未来中保持风险划分体系的有效性。

3.4　基于综合经营的保险公司风险划分体系

在公司风险管理中公司风险可以被分为声誉风险、战略风险、核心业务风险、操作风险、流动性风险。业务风险是业务决策带来的风险，战略风险是战略决策带来的风险，而操作风险是实施战略决策和业务决策过程中的风险或外部事件带来的风险。这三种风险事件可能对公司声誉产生负面影响而给公司带来损失则属于声誉风险。当各种非预期损失过大时可能导致公司流动性风险。图 3.1 说明了五类风险之间的关系，相交代表具有相关性。

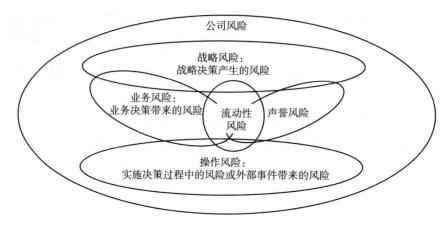

图 3.1　一般公司风险分类

金融公司的业务可以分为资产业务、负债业务、表外业务三类。按照巴塞尔协议Ⅱ的划分，银行的三类业务决策产生的主要是信用风险和市场风险，它们是银行的主要业务风险。保险公司的主要业务是承保和保险资金运用，承保业务产生的风险主要是保险风险，保险资金运作产生的风险主要是信用风险和市场风险。与银行相比，保险公司的资产业务和表外业务与银行从事的活动基本相同，产生的风险也相同。保险公司作为一种特殊的金融机构，其特征主要体现在负债的来源上，其负债业务产生的风险与其他金融机构不同，主要是保险风险。

各类业务决策的总和影响还可能造成保险公司现金流不能满足支付要求，从而使公司进行被动的资产变现或融资行为，给公司带来损失或成本增加，这就是各类金融公司都需要面对的公司流动性风险。

因此保险公司业务风险包括市场风险、信用风险、保险风险和流动性风险四类，如图 3.2 所示。

同时，金融公司的决策执行过程和外部事件都会产生风险。尽管在风险的表现形式和种类上会与其他类金融公司有所差异，但保险公司的各类业务都不可避免地要面临由于不足或不正确的流程、人员、系统或外部事件导致损失的各类风险，即操作风险。除此之外，与一般公司相同，保险公司还存在战略风险和声誉风险。

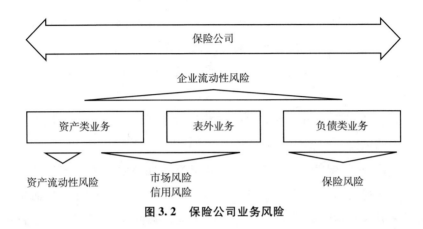

图 3.2　保险公司业务风险

基于综合经营的保险公司风险体系如图 3.3 所示。图 3.3 也展示了各类金融监管机构对金融公司监管的风险类型。综上可见，此风险划分体系不仅可以满足保险公司自身风险管理和监管要求，而且对非金融公司风险管理和各类金融机构监管都有很好的兼容性，为保险公司参与综合经营创造了空间，降低参与综合经营或主导综合经营可能带来的风险管理切换成本。

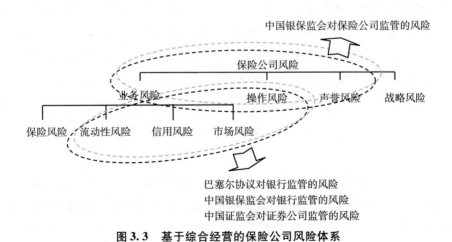

图 3.3　基于综合经营的保险公司风险体系

其中各类风险定义为：

（1）保险风险：由于非预期的保险索赔产生损失的风险。

（2）市场风险：金融机构持有的以交易或套期保值为目的的金融契约和商品的头寸净值因金融市场波动造成损失的风险。

（3）信用风险：因交易一方不能履行或不能全部履行交收责任而造成的风险。

（4）操作风险：由于不完善的或错误的流程、人员、系统或外部事件导致损失的风险。包括法律合规风险。

（5）流动性风险包括两类。一是公司流动性风险：公司产生的现金流不能满足支付要求，迫使公司进行被动的资产变现或融资行为从而给公司带来损失或成本增加的风险。二是资产流动性风险：资产不能按现行市场价格进行交易时产生的风险。

（6）战略风险：由于战略决策产生的风险。

（7）声誉风险：其他风险事件对公司声誉产生负面影响而给公司带来损失的风险。

检查分类是否符合分类规则。第一，本分类不仅包括了保险公司业务风险分类方式中提及的全部金融风险和保险风险，还包括了一般公司经营面临的战略风险和声誉风险，囊括了保险公司的全部风险，因此满足完备性规则。第二，本分类中的各类风险都以损失原因来界定属和种差，符合准则唯一性规则。第三，本分类中的各种风险都由不同的损失原因来界定，互不相容，因此符合种的独立性规则。第四，本分类中任何两个同一级别的风险不能以损失原因为分类依据归为新的更高层次的类别，符合不得跳跃逻辑等级的规则。综上所述，本分类符合分类规则，是科学的保险公司风险分类体系。

从风险管理实践的角度分析这一体系，也可以将以上七类风险分为三个部分。一是各类金融机构均须承受，并且目前可以量化管理的风险，包括市场风险、信用风险、操作风险、流动性风险。国际金融界对这四类风险的度量和控制已经进行了长期的研究和实践（其中对操作风险度量的研究最晚），并且取得了丰富的研究成果，这些成果对保险公司风险管理的研究有很好的借鉴意义。二是保险风险，这是保险公司特有的核心业务风险，保险风险的度量可以依靠保险公司强大的精算技术，而且保险公司对保险风险的管理历史悠久，经验丰富。三是任何公司经营过程中都需要面对和承担的战略风险和声誉风险。这两种风险目前还无法准确度量，但是这两种风险同样可能对公司的发展产生关键性的影响，保险公司在重视业务风险和操作风险管理的同时也必须更有效的管理战略风险和声誉风险。因此本体系在现阶段最大程度地满足了保险公司风险划分体系便于风险度量和控制的要求。这一风险划分体系对非金融公司风险管理和各类金融公司监管都有很好的兼容性，为保险公司参与综合经营创造了空间，为综合经营后金融集团的全面风险管理创造了条件。

3.5 保险公司风险划分中的几个常见问题

3.5.1 精算风险与模型风险

值得说明的是，保险公司的特殊风险主要是与承保业务相关的风险，其中的精算风险（actuarial risk）看似特殊，实际上金融机构无论是负债业务还是投资业务都需要复杂的概率和数理统计分析技术，这些技术使用的失误在投资业务中被称为模型风险（modeling risk），而在保险负债业务中就被称为精算风险，事实上这两种风险严格来说都属于操作风险。但应该区分由于实际情况偏离根据经验所设定的精算假设时而产生的风险，这类风险则属于保险风险。

3.5.2　定价风险

有些学者将险种开发过程中的风险称为定价风险（pricing risk）或假设风险，指定价失误或假设与实际不符产生的风险。事实上，客观世界是永远不能被人类完全认识和预见的，因此定价失误或假设与实际不符应按照产生的原因分为两类，即第一类明显可避免的定价失误或假设失误应属于操作风险范畴；第二类由于不可避免或不可预见的假设与实际不符产生的风险。这类风险是非人力所控，且是可预见的保险业必须承担的风险，正是由于保险公司承担了这部分风险才有理由获得保险市场上的风险回报，所以这种风险应该看作是非预期的保险索赔产生的保险风险，是保险公司的真正的经营对象。这两类风险性质完全不同，混为一谈就会抹杀其风险的重要的本质特征，因此分别归为操作风险和保险风险更为科学合理。

3.5.3　公司流动性风险、资产负债不匹配风险、利率风险

资产与负债不匹配会导致现金流不能满足支付要求，同时它也是产生保险公司流动性不足的重要原因之一。因此资产负债不匹配风险包括在公司流动性风险之内，但不等同于流动性风险。资产负债匹配只能保证保险公司技术上具有流动性。从公司流动性风险的定义中可以看出，在实际中公司流动性风险不仅要考虑现有的资产负债，还要考虑公司可以借入的资金。

利率的变动本身不会直接对保险公司带来影响，它会通过影响保险公司尤其是寿险公司的资产负债匹配程度来影响保险公司的流动性，同时也会通过其造成的金融市场的波动给公司带来市场风险，并且利率的变动还会影响总体经济环境的变化从而给公司带来战略风险，因此利率变动对保险公司的影响是十分复杂的。虽然一些保险监管机构考虑到利率对寿险公司可能产生的巨大危害直接将利率风险列入寿险公司偿付能力监管的范围，

但是需要注意的是，其中的利率风险仅指第一种，而并不是指利率变动对保险公司的所有影响。这也使得有些人把保险公司的利率风险等同于资产负债不匹配风险，但事实上这种等同是不恰当的。

3.5.4 保险欺诈风险与事件风险

保险欺诈是一种常见的保险公司面临的风险。根据美国一项对保险公司偿付能力不足原因的调查（1969～1998 年），在 640 家被调查的保险公司中有 10% 的公司偿付能力不足的主要原因是被证实的欺诈。欺诈是一种违法行为，与法律风险相同都是典型的操作风险。有些学者或机构将欺诈归为事件风险（event risk），"事件风险"这一类别名称对事件的界定并没有体现在名称中，而且这一类别很难用内涵来界定，一般文献只给出了外延，这就使得新发现的风险事件很难确定是否归为这一类别，并且名称本身也容易引起误解，因此不宜作为风险类别的名称。

3.5.5 道德风险

道德风险与保险欺诈不同，道德风险表示在缔约后由保险契约存在而引起的投保人的（不可观察的）行为调整，使得保险人成本提高的风险，这种调整属于合法行为。保险人在保单设计时一般考虑到道德风险的存在，并以适当的条款减少道德风险行为发生的概率和损失，但由于现实条件的限制，道德风险并不能完全避免，在这种情况下，道德风险属于投保人行为与保险人预期不同而产生的非预期索赔使保险人遭受损失的风险，因此属于保险风险。

3.5.6 经营风险与操作风险

从现有文献中可以看出，20 世纪 90 年代后期我国保险理论界和实务界开始关注保险公司的风险管理，其中大多使用的概念是"经营风险"，指保险经营过程中所有预期值与实际结果发生偏差而出现异常损失的风险，既包含经营活动和管理过程的内部风险，也包括经济、政治和社会等外部因素引致的风险。

经营风险的概念来自非金融类公司风险管理，其中一种风险划分形式将非金融类公司风险分为经营风险和财务风险两大类。其中经营风险一般指在经营过程中产生的，除了财务风险以外的公司固有的基本的风险，也称为营业风险（business risk）。对资金和债务存量的管理属于财务管理，因此保险资金运作可以认为属于财务管理，即其产生的风险属于财务风险。但是保险资金运作又可以认为是保险产品生产过程的一个环节，因此其产生的风险也可以归为经营风险。由于保险资金运用风险是保险公司财务风险的主要来源，因此我国一些学者出于后一种理解而使用"经营风险"来代表保险公司面临的所有风险。显然经营风险的概念过于宽泛，操作风险仅是经营风险的一种。

本章构造的基于综合经营的保险公司风险划分体系符合分类规则，具有科学性，并且与一般公司风险体系和现代金融公司风险体系相容。在目前对风险管理和偿付能力高度重视，结合经营大势所趋的国际金融环境，建立这一保险公司风险划分体系，既适应和体现了保险公司的特征，又为保险公司风险度量创造了条件，并且为拥有保险实体的金融集团全面风险管理奠定了基础，对保险业的风险管理研究和实践的发展有很好的指导意义。另外，科学清晰的风险划分体系也可以帮助我们认清操作风险与保险公司其他风险之间的关系，更好地理解操作风险的内涵，以及操作风险在保险公司风险管理中的位置，避免风险度量中的重复计算。

第 4 章

我国保险公司操作风险特点及分类

由于保险公司有其特有的经营对象和业务流程，我国保险市场又有其独特的发展历史、发展阶段和社会环境，因此我国保险公司的操作风险表现形式必然具有其自身特征。本章在对我国一些保险公司进行实地调研的基础上，借鉴国际金融界对操作风险划分的研究成果，总结分析了当前我国保险公司操作风险的特点，并对保险公司操作风险的分类进行了研究。

4.1 我国保险公司操作风险特点

本节将讨论在我国保险公司操作风险管理中关注度较高的一些操作风险及其特点，并对理论界和实务界在相关操作风险划分时容易发生混淆的概念和容易产生争议的操作风险划分方式进行了提示。

4.1.1 核保核赔中的操作风险特点

随着我国保险业高质量发展，保险公司对核保核赔（以下简称"两核"）环节越来越重视，两核中的操作风险有所降低。两核部门都有工作规范，有些险种还有系统智能辅助，但部分两核工作仍然需要一定的主观判断，所以即使工作人员判断不够准确，但只要在规定的或合理的范围内，就不能认为出现失误。因此，在这两个环节中的操作风险主要与员工的经验和责任心、操作规范和流程的完善程度有关。两核中较多见的操作风险是人员失误、欺诈风险和制度、流程不当风险。可能引起巨大损失的操作风险主要是大项目的两核工作中高层管理技术人员失误风险。另外，承保制度是风险管控的首要防线，如果承保政策不够精准合理，会影响业务质量从而造成保险公司的损失。但应注意区分承保政策"不够精准合理"是不是为行业竞争而主动做出的决策，并且要考虑其影响是否已包含在精算假设中。只有承保政策导致承保风险偏离精算假设所带来的损失才能被认为是操作风险。两核智能辅助系统及业务系统出现的系统故障、系统缺陷及其造成的人员操作失误、欺诈等风险，按照近因原则应归为信息系统风险。

4.1.2　信息系统操作风险特点

近年来，随着信息技术尤其是保险科技的迅猛发展，我国保险公司信息化建设和数字化转型呈现加速态势，信息系统操作风险较过去表现出如下特点：第一，投资中股票、期货等依靠信息系统交易并且收益与择时具有高相关性的金融产品持有比例增加。量化交易、智能风控等信息技术的应用日趋增多。资金运营业务线操作风险增加。第二，过去互联网业务主要使用网站确定投保意向，再由人工服务完成保险购买，而且互联网业务量在保险公司总业务量中所占比例较小。随着人们对移动互联业务接受程度的提高，以及新冠疫情对线上交易的推动，保险公司标准化投保和理赔业务对信息系统依赖度增加，必然带来相应的操作风险增加。第三，理赔业务体现保险公司的服务水平，对时效性要求较高，但过去标准业务一般仅要求在一个工作日完成，复杂的可以延长到3~7天。近年来人工智能技术的发展使得智能理赔系统的开发和使用加速，保险公司开始在标准业务上追求"秒赔"。但应当注意区分，如果保险公司对客户理赔时效做出承诺，那么系统故障等原因造成的理赔延误可能引起法律风险，属于操作风险范畴。如果行业竞争使得客户形成了理赔时效的预期，则系统故障等原因引起的理赔延时将给保险公司带来声誉风险，不属于操作风险范畴。核保出单业务信息系统面临类似的情况。对于一些对核保出单速度要求高的险种，如国内货运险等，只要有合理应急预案，一般的信息系统故障不会影响核保出单业务的正常运作。第四，近年来，保险公司信息科技外包服务范围不断扩大、形式日趋多样。外包服务已成为信息系统操作风险重要原因之一。第五，保险公司数字化转型，使得公司数字资源增多。2022 年 12 月财政部发布了《企业数据资源相关会计处理暂行规定（征求意见稿)》，其要求企业按照企业会计准则相关规定对数据资源相关交易和事项进行会计确认、计量和报告。一旦正式规定出台，保险公司数据资源将作为资产进行核算。信息系统原因造成数据泄露或丢失将给公司带来直接损失，这一类操作风险将明显增加。

需要解释的是，保险公司信息系统操作风险增加，并不等同于使用信息系统给保险公司带来操作风险总损失的增加。一方面，信息系统可以明显减少人员风险中高频低损事件，固化流程的执行，减少合规风险。因此表现为操作风险各类型占比发生变化。另一方面，信息技术的创新在带来新的操作风险的同时，也使得原有不完善的系统不断改进升级，因此表现为信息系统操作风险内部各类型占比的发生变化。

需要注意区分的是以下几类事件：一是信息系统基础数据真实性问题带来的操作风险。不真实的数据可能来源于数据被人为篡改后录入系统，也可能来源于输入过程中的疏忽，或者对数据规则及标准理解的错误。这类风险属于人员操作风险，不应计入信息系统操作风险中。二是保险公司内部信息系统过于复杂使得员工操作失误带来的风险属于信息系统操作风险。保险公司网站、App、微信小程序等系统操作过于复杂或不合理，影响客户体验产生的风险则属于声誉风险。三是保险公司网站、App、微信小程序等存在信息披露不完整带来的风险属于法律合规类操作风险，不属于信息系统风险。

4.1.3　人员风险特点

4.1.3.1　人员流动性过高

我国保险业人员流动性远高于银行业和国际保险业。主要原因是市场快速发展变化和高级人才的缺乏。保险科技公司、外资保险机构、保险经纪公司以及新成立的国内保险公司都会到一些大型保险公司寻找熟悉市场和业务的成熟人才，以高薪或更高职位吸引其加入。高级人才的高流动给保险公司带来了更高的人力资源不确定性，是我国保险公司不容忽视的操作风险原因之一。另外，人身保险公司销售人员流动性和离职率也很高。截至 2021 年底，全国人身险公司执业登记销售人员 472.8 万人，2022 年 6 月 30 日进一步减少到 401.4 万人。巅峰时期全国保险公司共有代理制销售人员 912 万人。① 发达国家保险代理人流动性小，保户选择保险公司比较理性，一般还有政策规定不能带走客户。与之相比，国内保险公司对代理人回报不稳定、不科学，国内保户选择保险公司也不够理性，易受代理人影响。因此代理人流动给我国保险公司带来的风险相对较大。当前，离职率已成为我国监管机构评估保险公司操作风险人员因素的指标之一。

4.1.3.2　培训不足

保险公司对工作人员的职业素养和专业能力有较高的要求，而且需要熟悉公司业务流程和信息系统操作。大量的人员流动对上述要求提出了挑战。员工培训教育的不足容易引起公司操作风险事件的发生，严重的还会由于不了解或无视法律法规和公司的规章制度，利用公司内部员工的身份和职权做出收受贿赂、挪用保费、盗窃或侵占资产、骗赔骗保等行为，给公司带来严重的操作风险损失。

---

① 国家金融监督管理总局，http：//www.cbirc.gov.cn/。

2007 ~ 2015 年我国 39 家寿险公司年度支出的职工教育费平均为 818.28 万元，中位数仅为 156.61 万元[①]。约为保费收入的 1%。国外保险公司员工培训费用一般占保费收入的 4%[②]，与此相比还有较大差距。近年来我国头部保险公司逐渐意识到人员培训的重要性。以中国人民财产保险集团有限公司为例，2012 年年报中提及"培训" 11 处，2022 年年报中则增加到 40 处。

4.1.4 代理人操作风险

《中华人民共和国民法典》第一百六十二条规定，代理人在代理权限内，以被代理人名义实施的民事法律行为，对被代理人发生效力。虽然近年来保险公司在规范代理人行为方面做出了一定的努力，2020 年 11 月中国银保监会颁布了《保险代理人监管规定》。但代理人越权代理、不当代理甚至欺诈引发的操作风险事件仍是多发的一类操作风险事件。例如，2020 年 1 ~ 5 月，仅仅涉及"代理退保"的保险公司共接投诉 7793 件（同比增长 43.33%），涉案金额 3.29 亿元（同比增长 54.75%）；退保总件数 5336 件（同比增长 30.08%），总金额 1.34 亿元（同比增长 30.43%）。[③]

虽然从法律性质来看，个人代理人和机构代理人都不属于保险公司。但从保险公司对二者管理的力度和方式来看，将个人代理人引发的操作风险划为人员风险，而将机构代理人产生的风险划为外部事件更为合适。例如《保险代理人监管规定》要求保险公司承担个人保险代理人的岗前培训、后续教育和培训档案的建立等管理义务。在个人代理人操作风险方面，我国寿险代理人队伍自保件套利、退保黑产、销售误导等问题突出，寿险

---

① 中国保监会。
② www.statista.com。
③ 黄馨棨：《保险职业投诉的社会治理研究》，载《上海保险》2022 年第 5 期，第 37 ~ 43 页。

代理人的营销制度有待完善。① 在机构代理人方面也存在个人代理人类似情况，但由于承担的法律责任不同给保险公司带来的损失也不同。另外机构代理人还存在利用保险公司管理漏洞套取佣金等风险。

4.1.5 保险欺诈特点

保险欺诈风险主要指由于欺诈行为导致保险人承担其不应承担的保险责任，从而支付价值超过其责任范围。从欺诈行为实施的时间来看，可以分为保险事故前的欺诈（这里称为投保欺诈）和保险事故后的欺诈（这里称为索赔欺诈）。有些欺诈中并没有保险事故发生，而是虚构或伪造了保险事故，类似这种情况也归为索赔欺诈。

（1）投保欺诈包括：

①投保人故意虚构保险标的，骗取保险金的。

②投保人不实陈述或故意隐瞒保险标的有关信息。

③投保人信用欺诈。

（2）索赔欺诈包括：

①未发生保险事故而谎称发生保险事故，骗取保险金的。

②故意造成财产损失的保险事故，骗取保险金的。

③故意造成被保险人死亡、伤残或者疾病等人身保险事故，骗取保险金的。

④伪造、变造与保险事故有关的证明、资料和其他证据，或者指使、唆使、收买他人提供虚假证明、资料或者其他证据，编造虚假的事故原因或者夸大损失程度，骗取保险金的。

在我国，财产保险中的公司客户一般是长期客户，骗赔事件较少。赔案金额小的事故容易发生骗赔，比较大的赔案很难伪造事故，但可能出现

---

① 许闲、罗婧文、魏洁：《寿险业高质量发展与保险代理人管理——基于寿险业"基本法"视角的分析》，载《保险研究》2023 年第 2 期，第 34～44 页、第 89 页。

夸大损失的情况。人身保险中，容易发生欺诈导致重大损失的险种是重大疾病险、人身意外险等大保额险种，并且会出现代理人参与欺诈的事件。另外隐瞒疾病也是人身保险投保欺诈多发的事件。

从保险欺诈参与人来看，有投保人、被保险人、保险公司员工、代理人、医院、维修单位等投保理赔环节的参与方，甚至也有为理赔提供非法材料的第三方。在确认此类操作风险事件时，要注意区分内部欺诈与外部欺诈，以便后续进行操作风险度量和管理。当保险欺诈有多方参与时，主要责任由保险公司内部人员或保险公司个人代理人承担时应归为内部欺诈，否则应归为外部欺诈。

4.1.6 法律合规风险特点

法律风险是一类重要的操作风险。法律风险是对一个机构可能的诉讼而带来损失的风险。由于发达国家法律相对完善，而且无论公司还是个人法律意识都很强，因此保险公司稍有不慎就会引起法律纠纷，法律风险较大。随着我国法治社会的建设，保险公司法律风险也会逐渐增加。目前我国保险公司的法律纠纷主要来源于条款的设计，承保理赔中的法律纠纷，不规范的投资和担保，较大的不动产采购，无形资产采购等。

2016 年 12 月，中国保监会颁布的《保险公司合规管理办法》将合规定义为：保险公司及其保险从业人员的保险经营管理行为应当符合法律法规、监管规定、公司内部管理制度以及诚实守信的道德准则。将合规风险定义为：保险公司及其保险从业人员因不合规的保险经营管理行为引发法律责任、财务损失或者声誉损失的风险。

从法律风险和合规风险的定义来看，这两类风险概念的内涵关注的是保险公司的行为，以及其行为是否符合法律法规、监管规定等，而并不关注这些行为的原因。因此这两个概念均不是依据风险原因做出的风险分类，保险公司在操作风险管理过程中应注意区分。

值得注意的是，近年来随着监管力度的加大，因违反监管规定而遭到罚款导致的保险公司操作风险越来越大。2023 年第一季度保险公司共收到 737 张罚单，罚款总额 9094 万元，涉及 80 家保险公司，包括 47 家财险公司、33 家寿险公司（见表 4.1）。较上年同期相比，第一季度总罚款比上年同期增长了 3.41%，且罚单与金额继续创新高。特别是 3 月单月，罚款金额同比增长 128.53%。① 2020 年全年仅有 342 家保险机构被罚 2.36 亿元，平均第一季度罚款金额仅为 5900 万元。② 对此类操作风险，保险公司不能仅归类于合规风险，而应根据被处罚原因进行更细规范的操作风险归类，并将罚金和其他损失合并计入数据库。

表 4.1　　　　　　　2023 年第一季度保险公司被处罚情况

项目	序号	财险公司	分支数（家）	罚款总额（万元）
财险公司：47 家，5852.5 万元	1	人保财险	45	1007.5
	2	国寿财产	30	692.5
	3	太保财险	24	588.7
	4	中华联合	13	365
	5	平安产险	18	346
	6	大地财产	11	299.5
	7	华海财产	5	275.5
	8	阳光财产	16	209.1
	9	太平财险	4	208
	10	华安财险	5	164.4
	11	英大财产	4	146
	12	大家财险	7	122.7
	13	紫金财产	4	107
	14	安华农业	5	97.8
	15	浙商财产	2	90

---

① 《2023 年一季度保险公司处罚总结》，新浪财经，https：//finance. sina. com. cn/。
② 国家金融监督管理总局，http：//www. cbirc. gov. cn/。

续表

项目	序号	财险公司	分支数（家）	罚款总额（万元）
	16	国元农业	5	89
	17	亚太财险	2	88.8
	18	国泰财产	2	67.5
	19	出口信用	1	60
	20	都邦保险	4	59.5
	21	东海航运	1	54
	22	中航安盟	3	48
	23	渤海财险	1	48
	24	长安责任	2	45
	25	华泰财险	1	42
	26	永安财险	2	40.5
	27	安盛天平	1	40
	28	中路财产	2	39.1
财险公司：47 家，5852.5 万元	29	鑫安汽车	1	39
	30	国任财险	1	35
	31	中意财产	3	34.5
	32	鼎和财产	2	34
	33	中煤财产	2	30
	34	现代财产	1	28
	35	天安财险	1	25
	36	北部湾财产	1	24
	37	燕赵财产	2	23.5
	38	富邦财险	1	20
	39	阳光农业	1	18.5
	40	泰山财产	1	17.5
	41	合众财产	1	16
	42	建信财产	1	15

续表

项目	序号	财险公司	分支数（家）	罚款总额（万元）
财险公司：47家，5852.5万元	43	锦泰财产	1	13
	44	安诚财险	2	12
	45	前海联合	1	12
	46	海峡金桥	1	10
	47	富德财产	1	4.4
寿险公司：33家，3241.2万元	1	平安寿险	29	651.8
	2	阳光人寿	11	327.9
	3	中国人寿	23	321.7
	4	复星保德信	1	321
	5	人保寿险	13	284.5
	6	泰康人寿	14	225.4
	7	新华保险	8	153.9
	8	富德生命	6	122.6
	9	国华人寿	5	117
	10	太平人寿	7	104.3
	11	信泰人寿	3	88
	12	泰康养老	1	72
	13	华夏人寿	4	41.5
	14	中英人寿	2	39.6
	15	前海人寿	2	36
	16	太保寿险	4	32.5
	17	平安养老	1	32
	18	中意人寿	2	32
	19	合众人寿	1	29
	20	鼎诚人寿	1	29
	21	百年人寿	2	27.5
	22	利安人寿	2	23

续表

项目	序号	财险公司	分支数（家）	罚款总额（万元）
	23	德华安顾	1	21
	24	中信保诚	2	19
	25	幸福人寿	1	18
	26	和泰人寿	1	18
	27	英大人寿	1	17.5
寿险公司：33 家， 3241.2 万元	28	国富人寿	1	12
	29	人保健康	1	11
	30	太平养老	1	6
	31	中美联泰	1	3
	32	中荷人寿	2	2
	33	中银三星	1	1.5

注：表中为第一季度累计罚款数据，统计截止时间为 2023 年 4 月 3 日。
资料来源：13 精资讯。

4.1.7 资金运用操作风险特点

保险资金是指保险集团（控股）公司、保险公司以本外币计价的资本金、公积金、未分配利润、各项准备金以及其他资金。[①] 随着我国保险公司保险资金规模的扩大、投资渠道日趋丰富，投资组合复杂性提高，资金运用操作风险也相应增加。资金运用中可能发生的损失较大的操作风险事件主要是未授权交易和交易人员利用制度流程漏洞，隐瞒有关信息和交易损失，最终导致严重的风险事件。另外，还可能存在头寸计价错误、交割失败、违反监管规定等风险。虽然资金运用相关信息管理系统可以设定合规性和风险指标阈值，将风险监控的各项要素固化到相关信息技术系统之中，降低操作风险，但仍可能出现指标阈值、监控要素设置不合理的情况。

---

① 《保险资金运用管理办法》（中国保险监督管理委员会令 2018 年第 1 号）。

需要注意的是，资金运用是保险公司的重要业务，此类业务操作风险原因复杂，可能包含不完善的内部操作流程、人员、系统或外部事件等全部操作风险原因。另外，保险公司可以按照相关监管规定自行投资或者委托符合条件的投资管理人作为受托人进行投资。保险公司采用自行投资或委托投资时面临的操作风险有所不同。保险公司自行投资时，投资过程中产生的全部操作风险由保险公司自担。保险公司委托投资时，应注意在本公司资金运用部门操作风险的管理的基础上，关注委托合同中关于操作风险相关损失责任的约定。因受托人的过错给委托人造成损失的，委托人可以要求赔偿损失。

4.2 保险公司操作风险分类

4.2.1 操作风险分类原则

根据不同的目的和划分原则可以对操作风险进行分类。操作风险分类的基本目的是：为理解和评估操作风险提供一个连续的和一致的基础；便于收集相同类型的操作风险事件信息为风险度量和控制的评估创造条件。

常见的操作风险划分原则有以下几种：

（1）数值分类。数值分类是基于风险事件的可度量属性。

（2）行为分类。行为分类是聚焦在人及他们的行为上。

（3）原因分类。原因分类则关注造成操作风险事件的风险原因。

（4）业务分类。不同业务线生产运作过程差异较大，因此操作风险也存在差异。业务分类关注操作风险损失事件所在的业务线。

（5）归责分类。归责分类目的是落实和确认操作风险管理责任。关注操作风险损失事件应由哪个部门负责。

（6）形态分类。形态分类是纯粹风险分类常用的原则之一。纯粹风险的形态由两个维度决定，即损失发生的频率和损失严重程度。据此可将纯粹风险分为四类：低频低损、低频高损、高频低损、高频高损。由于操作风险属于纯粹风险，因此也可以采用形态分类原则。

4.2.2 操作风险分类实例

4.2.2.1 巴塞尔委员会分类

为了确定操作损失的最重要原因，并对记录什么类型的事件作为内部损失数据提供指导，巴塞尔委员会把操作风险损失事件分为 7 种事件类型。此种分类采用的是原因分类原则。具体事件类型如下：

（1）内部欺诈：故意骗取、盗用财产或违反监管规章、法律或公司政策导致的损失。此类事件至少涉及内部一方，但不包括歧视及差别待遇事件。

（2）外部欺诈：第三方故意骗取、盗用财产或逃避法律导致的损失。

（3）就业制度和工作场所安全：违反劳动合同法、就业、健康或安全方面的法规或协议，个人工伤赔付或者因歧视及差别待遇事件导致的损失。

（4）客户、产品和业务活动：因疏忽未对特定客户履行分内义务（如诚信责任和适当性要求）或产品性质或设计缺陷导致的损失。

（5）实物资产损坏：实体资产因自然灾害或其他事件丢失或损坏导致的损失。

（6）信息科技系统事件：业务中断或系统失灵导致的损失。

（7）执行、交割和流程管理：交易处理或流程管理失败，和因交易对手方及外部销售商关系导致的损失。

为了进一步管理内部损失数据的纪录，巴塞尔委员会把银行损失事件分成 8 种标准业务线——公司金融、交易和销售、零售银行、商业银行、支付和结算、代理服务、资产管理以及零售经纪。此种分类采用的是归责业务原则。7 种风险事件类型和 8 种业务线同时作为操作风险分类维度时，可以将操作风险分为 56 个单元。可以认为同一个单元中的操作风险具有相同特征，因此采用高级计量法计量风险资本的银行可以对 56 个单元格的操作风险分别计量，再加总得到操作风险总风险资本需求。此种分类即可服务于风险度量也可服务于风险管理，有很好的实用性。

4.2.2.2 《保险公司偿付能力监管规则（Ⅱ）》分类

规则Ⅱ对操作风险的定义将风险操作风险分为四类，即不完善的内部操作流程、人员、系统或外部事件。此种分类采用的是原因分类原则。

在分类监管中，该规则将操作风险划分为以下 6 类：一是保险业务线的操作风险；二是资金运用业务线的操作风险；三是公司治理相关的操作风险；四是信息系统相关的操作风险；五是案件管理相关的操作风险；六是其他操作风险。此种分类看似采用业务分类原则，实际又混合了归责分类原则。同时考虑了业务线和职能部门两个维度，造成分类的重叠。六类操作风险的关系如图 4.1 所示（相交表示具有重叠）。此种分类隐含的分类规则是，若保险业务线和资金业务线发生操作风险事件，且此类事件属于公司治理、信息系统，则归类于公司治理、信息系统相关操作风险，否则归类于相关业务线操作风险。若各类操作风险事件构成违法案件，则划为案件管理相关操作风险。不能归于其他五类操作风险的事件划为其他操作风险。

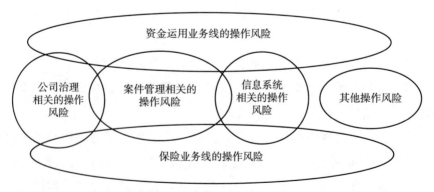

图 4.1 《保险公司偿付能力监管规则（Ⅱ）》中操作风险类别间的关系

4.2.2.3 金融机构操作风险分类实例

大部分国际金融机构均采用原因原则对操作风险进行了分类。例如：东京股票套利交易平台（见图 4.2）、瑞士信贷银行（见图 4.3）、安联保险集团（见图 4.4）。

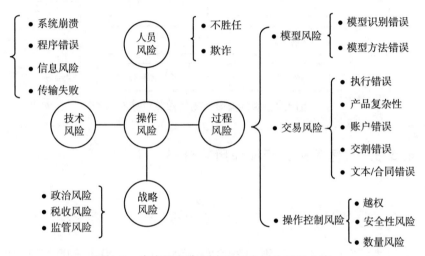

图 4.2 东京股票套利交易平台操作风险分类

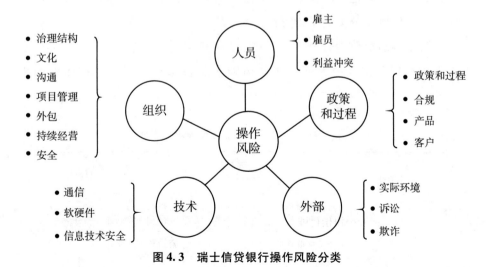

图 4.3 瑞士信贷银行操作风险分类

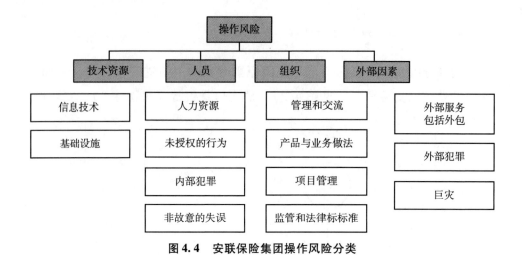

图 4.4 安联保险集团操作风险分类

4.2.3 我国保险公司操作风险分类

4.2.3.1 采用原因分类原则的保险公司操作风险分类

由前述操作风险分类原则和分类实例可以看出，采用原因原则对操作风险分类能够更好地体现操作风险特征，便于操作风险度量和控制，因此应该作为操作风险分类的基础方法。

巴塞尔委员会划分了七种银行操作风险事件的类型和若干子类，从表 4.2 中可以看出其中大部分操作风险子类在保险公司中存在相似的损失事件。

表 4.2　　　　　　　与银行相似的保险公司操作风险损失事件

巴塞尔委员会划分的 损失事件类型	巴塞尔委员会划分的 损失事件子类	保险公司相似的损失事件
内部欺诈	未授权行为 盗窃和欺诈	未授权行为 盗窃和保险欺诈
外部欺诈	盗窃和欺诈 系统安全	盗窃和保险欺诈 系统安全

巴塞尔委员会划分的 损失事件类型	巴塞尔委员会划分的 损失事件子类	保险公司相似的损失事件
就业制度和工作场所安全	雇佣关系 环境安全 差别对待、歧视	雇佣关系 环境安全 差别对待、歧视
客户、产品和业务活动	适当性、披露和诚信责任 不恰当的业务或市场行为 产品缺陷 客户选择、业务推介和风险暴露 顾问行为	不恰当的业务、市场行为、披露 保单缺陷 险种及条款缺陷 产品推介 顾问行为
实物资产损坏	灾害或其他事件	灾害或其他事件
信息科技系统事件	业务中断或系统失灵	业务中断或系统失灵
执行、交割和流程管理	交易认定、执行和维护 监测和报告 招揽客户和文件记录 个人/企业客户账户管理 交易对象 外部销售商和供应商	交易认定、执行和维护 监测和报告 核保、核赔 保单管理 投保人、交易对象 代理人、经纪人、供应商

借鉴银行、保险公司操作风险识别的成果，结合我国保险公司操作风险的特点，并采纳部分行业专家的反馈意见，本节根据风险原因对我国保险公司的操作风险事件进行了划分，给出了一个适合我国保险公司的操作风险分类表（见表 4.3）。其中第一级操作风险原因：人员/关系、系统、外部事件和流程，与《保险公司偿付能力监管规则（Ⅱ）》中给出的操作风险定义一致。

由于公司的操作风险状况受其管理水平、人员素质和业务特征等方面影响，因此表 4.3 不一定完全适合所有保险公司，只期为我国保险公司操作风险研究和实践提供一定的启示。

表4.3　我国保险公司操作风险分类

分类I	分类II	分类III	具体行为IV
人员关系	内部人员行为	未授权行为	未授权或超权限的交易
			未授权或超权限的业务
			超过限额的交易
		不合规或错误行为	未报告的交易
			错误的交易
			核保失误
			核赔失误
			财务操作违规
			单证使用违规
			保全操作失误
		内部犯罪	欺诈
			盗窃
			伪造
			贪污
			资产的非法占有
			恶意的资产破坏
			未授权的资金转移
		计算机犯罪（内部）	窃取信息
			内部黑客
			数据操纵

分类I	分类II	分类III	具体行为IV
人员/关系	雇用关系和工作场所安全	雇用关系	重要人员流失
			多人集体转投其他公司
			不恰当的解雇
			对立的环境
		员工安全	关键人员健康/安全
			集体员工健康/安全
	客户、产品和业务做法	披露和泄露	缺少披露或披露错误
			未经准许利用客户信息
			隐瞒损失
			内部交易
		不恰当的业务或市场行为	违反监管法规
			洗钱
			不恰当的宣传
			销售误导
			著作权侵害
		产品缺陷	险种缺陷
			保单缺陷
		不恰当的咨询行为	代理人咨询错误
			内勤人员咨询错误

续表

分类 I	分类 II	分类 III	具体行为 IV
流程	执行、传递和流程管理	执行、传递和维护	命令传达错误
			任务执行错误
			数据的录入错误
			数据维护不符合规
			资金运用不符合总体投资策略
			会计错误
			文件等材料传递错误
			代理人等处理错误
		客户和文档	单证管理不当
			业务资料管理不当
			缺乏法律文件
			缺乏客户允许
		业务流程	核保流程不当
			核赔流程不当
			保全管理流程不当
			资金运用流程不当
			财务流程不当
外部事件	外部行为	外部犯罪	盗窃/敲诈
			投保欺诈
			索赔欺诈
			交易对方欺诈
			贿赂
		投保人过失	投保人告知过失
		计算机犯罪（外部行为）	窃取信息
			外部黑客
			数据操纵
			防火墙瘟疫和病毒
		外部服务	外包质量
			买方争端
		政府行为	政府行为
	实物资产损失	灾害或其他事件	自然灾害
			火灾
			恐怖活动
系统	营业中断系统瘫痪	系统	系统故障
			网络故障
			数据泄露
			数据丢失或损坏

注：表中"交易"既包含保险资金运用中的交易，也包含保险产品交易、再保险交易等保险业务中的交易。

4.2.3.2　采用业务分类原则的保险公司操作风险分类

为了满足保险业发展和国家养老、医疗及金融体制改革的需要，2015年修订生效的《中华人民共和国保险法》扩大了保险公司经营范围，除传统保险业务外，还可以从事"国务院保险监督管理机构批准的与保险有关的其他业务"。因此，按照业务分类原则划分保险公司操作风险，可将操作风险分为以下 3 类：①保险业务线的操作风险；②资金运用业务线的操作风险；③其他业务线的操作风险。

此种分类可以更好地覆盖保险公司经营活动，并且不会造成重叠。此种分类也可以用来构造"原因分类 + 业务分类"的二维操作风险分类体系。

4.2.3.3　采用归责分类原则的保险公司操作风险分类

为了落实和确认操作风险管理责任，也可以按照操作风险事件应由哪个部门管理进行分类。保险公司可以根据自身组织架构划分操作风险。一般地，可以将保险公司操作风险分为以下 9 类：①产品销售相关的操作风险；②产品管理相关的操作风险；③两核相关的操作风险；④投资相关的操作风险；⑤财务与资产管理相关的操作风险；⑥精算相关的操作风险；⑦公司治理相关操作风险；⑧案件管理相关操作风险；⑨信息系统相关操作风险。

需要注意的是这种分类与采用原因分类原则、业务分类原则的操作风险分类存在重叠，因此不能用来构造二维操作风险分类体系。但可以用来设置操作风险监控和预警指标。

综上所述，保险公司操作风险分类应该以原因分类原则为基础，业务分类原则和归责分类原则为辅助。

第 5 章

操作风险拓扑数据模型

数据是操作风险度量和管理的基础。如果缺乏损失数据，客观量化一个机构的操作风险将无从谈起。为了有效地积累和使用操作风险损失数据，必须首先建立一个操作风险数据模型。这一数据模型需要满足以下基本要求：

第一，方便数据的获得。数据模型应该便于工作人员理解，而且便于数据搜集的实际操作。

第二，尽量充分地提取操作风险事件所蕴含的信息。由于操作风险并不像市场风险那样可以方便地获得充足的数据用来进行相关研究，尤其是给金融机构带来巨大损失的操作风险事件更是十分稀少，但正是这类事件的巨大影响使其成为人们关注的重点。因此，每一个操作风险事件都是宝贵的历史资料和风险样本，是操作风险客观度量的基础。操作风险数据模型的设计和选取必须要尽量充分地提取样本所反映的信息。

第三，便于操作风险度量。操作风险数据除了可以帮助风险管理人员发现风险原因，从而采取改进保险公司操作流程、内部环境等操作风险控制措施外，更重要的是要能够为操作风险度量创造有利条件。数据模型应该能够提供风险度量所需要的全部信息，并且便于度量方法的选取。

鉴于以上三个基本要求，本章首先介绍操作风险一般数据模型，分析一般数据模型的不足，在此基础上提出一种新的操作风险数据模型——操作风险拓扑数据模型。并对使用操作风险拓扑数据模型时的数据记录过程进行详细的研究。

5.1 操作风险一般数据模型的主要问题

现在普遍使用的操作风险数据库一般有两类：第一类是记录操作风险关键风险指标（KRI）的数据库。关键风险指标是一些对风险追踪有益的业绩指标或控制指标。通过对关键风险指标进行一段时间的监视和记录，可以利用关键风险指标的趋势分析对操作风险做早期的预警。关键风险指标方法是风险管理常用的方法之一，但这种方法不能对风险进行度量。由于操作风险的复杂性，很多金融企业都采用一系列关键风险指标来监控操作风险。这就需要一个记录操作风险关键风险指标的数据库。第二类是为操作风险度量收集数据的操作风险损失数据库。这类数据库以统一的格式记录和积累操作风险损失事件信息。目前，操作风险损失数据库所使用的数据模型一般记录三类基本数据：风险事件（event，如火灾）、风险原因（cause，如外部犯罪行为）和事件影响（effect，如重建成本、数据恢复成本等）。我国《保险公司偿付能力监管规则（Ⅱ）》要求保险公司对操作风险损失事件的记录也应至少包含这三类数据：风险事件（包括操作风险损失事件发生或发现的时间，涉及机构及业务线、事件描述和支持文档等内容）、风险成因、事件影响（损失形态、后果严重程度）。

风险原因是导致风险事件发生的一个行为或一系列行为。风险原因反映在风险分类中。对"风险原因"一般有完整的风险原因分类，每个操作风险事件按照一定的规则归为某个已经定义好的风险原因。"事件影响"是指风险事件发生后对风险主体造成的影响。对"事件影响"的记录，为了保证客观性，国际上普遍的做法是只记录财务损失的大小。"风险事件"是指造成风险损失的偶发事件。对"风险事件"的记录主要是记录事件发生或被发现的时间，以便对风险频率进行度量，还会对风险事件发生时的内部、外部环境，事件经过、处理过程等相关信息以数据或文字的方式作适当记录。

操作风险数据模型是操作风险度量研究的前提和基础。操作风险一般数据模型为风险度量提供的信息与普通的风险度量需要的信息基本相同，即由风险事件的记录给出风险频率信息；损失原因的记录用来对风险进行分类；由事件影响得到风险损失值的信息。归于同一类风险原因的风险事件被认为是一个随机变量的表现，这些事件可以用来分析该随机变量的统计特性，这些统计特性就是风险度量的结果。因此，风险事件根据风险原因的分类非常关键，它是风险度量的基础，决定了风险度量结果的准确性。

然而在实际调研中我们发现，一个操作风险损失事件可能非常复杂，这意味着存在多于一个原因诱发了风险事件或者多于一个原因共同造成了风险事件的损失。操作风险成因的复杂性是操作风险的特点之一。在现有的一般操作风险数据模型下，事件总损失一般是容易得到的，相比之下，数据收集和记录的最大困难在于由于多个风险原因导致的操作风险事件损失额根据原因的分解。

一些金融企业出于无奈在操作风险事件的记录时将所有损失归因于一个直接导致该事件的原因（例如，安联的做法是将每一次事件之归因于一个最主要的触发原因），或粗糙地归因于某一风险类型。英国银行家协会的全球损失数据库委员会甚至有一条有趣的经验，那就是通过类似"法庭"一样的方式来裁定某项损失应该如何归类（Serwer，2001）。

但事实上，在直接原因导致风险事件后，后续一些原因（如控制失灵等）会放大风险事件的影响和损失，多次放大会造成最终巨大的损失事件，这是操作风险的一个不容忽视的特点。风险原因之间的相关关系一直是操作风险度量研究者关心的重点之一，它关系到风险加总方法的选择和公司总体操作风险度量结果的准确性。如果将一个由多个风险原因共同作用导致的操作风险损失事件人为限定为只归因于一个风险原因，并以此进行记录，这样的记录方式显然损失了很多宝贵的关于多个风险因素相关关系和其对损失影响的信息。现有关于操作风险原因之间相关性的研究受到了一般数据模型提供的信息的限制。

5.2 操作风险拓扑数据模型说明

5.2.1 操作风险拓扑数据模型概述

针对操作风险一般数据模型的不足，本节提出了一种新的操作风险损失事件的记录方式和数据模型——操作风险拓扑数据模型。此模型可以建立在一般操作风险数据模型基础上，同时记录更多的操作风险损失事件信息。

拓扑学是数学中一个重要的、基础性的分支。它最初是几何学的一个分支，主要研究几何图形在连续变形下保持不变的性质（所谓连续变形，形象地说就是允许伸缩和扭曲等变形，但不许割断和黏合），现在已成为研究连续性现象的重要的数学分支。拓扑是一种空间数据结构，旨在保证彼此相关联的数据间能够形成一种一致而清晰简洁的空间结构。

为了更大限度地挖掘操作风险历史数据中蕴含的信息，尤其是各个风险原因之间相关性，以及各个风险原因对于操作风险事件发生频率和损失大小的作用，本节提出的操作风险拓扑数据模型不仅记录操作风险事件的损失、原因和发生时间，而且利用拓扑结构来辅助记录操作风险事件发生的过程，充分挖掘样本中的信息。

在操作风险拓扑数据模型中，风险事件被归因于造成损失的风险诱发原因和使得损失扩大（有时也可能是缩小）的后续原因。在损失记录时记录诱发原因造成的损失（即后续原因没有发生作用时事件的损失）和后续原因对诱发原因造成损失的缩放倍数。

操作风险拓扑数据模型由图形和结点数据两部分组成。图形用来描述各个风险原因如何作用导致整个操作风险事件的发生过程。其中，结点代表每一个对该操作风险事件有影响的风险原因。以连接各个结点之间的有向弧来表示风险原因作用的先后。结点数据用来记录各个结点所代表的风险原因对风险事件损失的影响。在损失记录时，首先在第一结点记录诱发原因造成的损失（即后续原因没有发生作用时事件的损失），然后在后续结点上记录后续原因对前一原因造成损失的缩放倍数。这一缩放倍数称为后续原因对前一原因造成损失的影响乘数。

图 5.1 是一个操作风险事件以拓扑数据结构记录的示例。L_0 代表诱发原因造成的损失，n_2、n_3 代表后续第二、第三原因对诱发原因造成的损失的影响乘数，n_4 代表第四原因对前续原因造成总损失的影响乘数，L_{total} 表示整个事件的总损失。

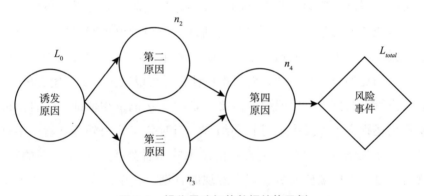

图 5.1　操作风险拓扑数据结构示例

之所以采用乘数关系，而不采用传统的加数关系来表示后续原因造成损失与前一原因造成损失的关系，是因为：

第一，如果以加数关系表示后续控制或流程原因对触发原因造成的初始损失的增加或减少，则加数与初始损失必然具有相关性，例如，较常发生的情况是，如果初始损失为 L，后续环节有效，使得损失全部被弥补或挽回时，用加数表示的后续环节影响值为 $-L$，与 L 相关。但是此种事件以乘数表示时，后续环节的影响乘数则为 0，与初始损失无关。采用乘数来表示后续控制或流程原因对初始损失的影响时。乘数暗含了这种影响与初始损失的相关性。可以认为乘数与初始损失无关。但后续控制或流程环节有效的概率与前一风险原因的类型有关。

第二，后续原因一般为控制环节或流程环节，乘数关系可以反映后续环节对风险的控制作用，实际上也可以反映该环节工作的有效率和对风险管理的贡献。

第三，在实务中，为了测度各个控制点的工作绩效，保险公司已经存在一些类似的记录和指标，并且这种指标一般都是以相对指标来反映的，如复核纠错率、核保返回率等。这些已有一定积累的相关数据可以为基于客观数据的操作风险度量提供有力的支持，而且长期对这些指标的关注也会使相关专家在提供类似主观数据时更有信心。

第四，当需要后续环节影响的主观估计数据时，有关专家也比较容易提供倍数或比例的估计，即相对数的估计，而很难给出绝对数的估计。例如，在投保人夸大损失的情况下，核赔未发生失误时平均可减少不合理的赔付支出的比例较容易估计，而很难估计究竟可以减少多少赔偿支出。

操作风险拓扑数据模型同样需要一定的文字记录相辅助。以自由的文字字段描述损失事件发生的过程和细节、当时公司的内外部环境、事件处理结果等相关信息。另外，也需要记录风险事件发生时间和发现的时间。发现时间是指事件被任何员工首先发现的日期。这个数据必须早于数据输入日期。发生时间是指事件发生或首先开始的日期，这个数据必须早于发现日期和数据输入日期。如果准确的发生日期不知道，则应使用发现日期。

诱发原因导致的操作风险事件的记录就是一个操作风险发生频率的样本。理论上一定存在一个最初的不能继续分解的诱发原因，但为了能够积累数据，我们需要规范的操作风险原因表，以便建立数据库，并积累充足的数据。因此，如果诱发原因分解过粗，显然不能满足操作风险度量和控制的要求，也不便于专家估计和人们的理解；但是如果初始原因分解过细，不仅使得操作风险数据的收集成本增加，而且不易得到统计上需要的数据规模，也不利于人们记忆和使用。所以保险公司应该在建立操作风险原因表时权衡利弊,选取最适合的风险原因的划分方式。后文将使用第四章中给出的操作风险事件表中的具体行为作为保险公司操作风险原因,当然这仅作为参考,各家保险公司应该根据自身的业务运营和管理特点识别和划分操作风险原因类型。

5.2.2 操作风险拓扑数据模型示例

下面将以几个在国际金融界影响较大的操作风险事件案例[①]来演示操作风险拓扑数据模型的记录。很遗憾的是因为缺乏事件详细调查材料,只能通过外部信息获得各个操作风险事件总损失的记录,未能找到每个风险原因对损失的影响数据,因此以下只能给出拓扑数据模型的图形部分。另外由于资料有限,为了保持原有事件报道的准确性,作为结点的风险原因并未经过标准统一的定义。

5.2.2.1 住友事件(1996 年)

1996 年 6 月 14 日,住友商社(Sumitomo)社长秋山富一宣布,在过去十年中,由于该商社的一名交易员滨中泰男越权进行铜产品期货交易,隐瞒损失,做假账,致使该公司产生了巨额亏损[②]。在此之前,滨中泰男领导的有色金属交易部曾经控制着全球铜交易量的 5% 。住友事件操作风险损失拓扑数据模型如图 5.2 所示。

图 5.2 住友事件操作风险损失拓扑数据模型

---

① Jack L. King, *Operational Risk: Measurement and Modelling*, John Wiley & Sons, Ltd., 2001.
② 外部猜测住友事件的最终总损失达到 19 亿~40 亿美元,主要由铜期货价格大跌产生的市场风险导致。

5.2.2.2 巴林银行倒闭事件（Barings）（1995年）

巴林银行创立于1762年，有233年历史。1992年，巴林总部决定派尼克·李森到新加坡分行成立期货与期权交易部门，并出任总经理。1992年夏天，遵照伦敦总部要求，李森另设立一个"错误账户""88888"，用来记录较小的错误，并自行在新加坡处理，以免麻烦伦敦总部进行错误交易的处理。但不久之后，总部又打来电话，称总部的计算机进行了全新升级，性能加强了，所以不需要再另外设立新账号了，依旧使用原来"99905"的账号，但李森并没有执行。此后，李森利用这个账户隐瞒了多笔错误交易，并为掩盖问题制造假账。巴林银行曾派人调查李森的账目，但由于内部控管的松散及疏忽，这些调查都被李森以极轻易的方式蒙骗过去。最终由于其在日经指数期货等金融交易中产生的损失不断扩大，使巴林银行在1995年2月26日倒闭。巴林银行倒闭事件操作风险损失拓扑数据模型如图5.3所示。

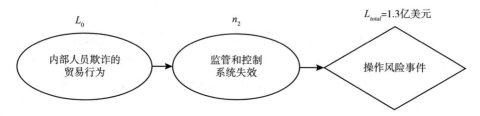

图5.3 巴林银行倒闭事件操作风险损失拓扑数据模型

5.2.2.3 国立威斯敏斯特银行事件（National Westminster）（1997年）

英国国立威斯敏斯特银行于1968年由英格兰国民地方银行和威斯敏斯特银行合并而成。该行伦敦交易员帕普伊斯自1994年下半年开始多次以低于市场标准的保证金和期权费与客户签订期权交易合同，造成亏损后他可多次做假账掩盖实际交割情况。他的欺骗手法一直没有被识破，日积月累造成了巨额损失。1997 年 2 月 28 日该银行在伦敦股市收市后发布声明称，由于该银行市场部一位高级经理监管不力，致使该部在从事利率期货交易中错误定价造成巨额亏损。国立威斯敏斯特银行事件操作风险损失拓扑数据模型如图 5.4 所示。

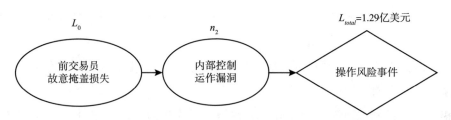

图 5.4 国立威斯敏斯特银行事件操作风险损失拓扑数据模型

5.2.3 使用操作风险拓扑数据模型记录操作风险事件的基本原则

为了保证记录不重复，并且能够为操作风险度量提供科学有效的数据，使用操作风险拓扑数据模型来记录操作风险事件还应遵循以下基本原则：

（1）重复的事件应该被认为是独立的、单独的事件进行记录，即使它们是由同一个人所为并且由于同一个错误或缺乏培训所造成。

（2）由一次失败导致多种冲击（例如，一个错误价格或相关数据导致发生多个错误定价的交易）应认为是一个操作风险事件。

（3）故意行为与非故意行为。操作风险事件按照涉及人员的行为动机可以分为两类：故意行为导致的操作风险事件和非故意导致的操作风险事件。"故意"是指明知自己的行为会发生危害公司的结果，并且希望或者放任这种结果发生，因而造成操作风险损失。

故意行为导致的操作风险事件有一种特殊情况——合谋或预谋。在这种情况中看起来独立的损失可能由一个共同的行动计划联系起来，即可能发生两种或两种以上的风险原因共同作用才能造成的损失事件。合谋事件，不能预料，也很难控制，因此由于合谋或预谋使多个风险原因同时作用导致损失的，被认为是一个操作风险事件，风险原因归为内部欺诈或外部欺诈。

一般由多个非故意行为导致的风险事件，可以分出风险原因作用的先后次序。如果由于是多个非故意行为使得多个风险原因同时发生作用，应认为是巧合，是随机现象的表现，即多个风险原因的作用是独立的，所以应分为多个风险事件来记录。

（4）对于非人为原因造成的操作风险事件与非故意行为导致的操作风险事件采用相同的记录方式。

（5）控制/流程类与非控制/流程类。操作风险原因可以分为控制/流程类和非控制/流程类。控制/流程类操作风险原因是指对操作风险诱发原因或前一风险原因造成的风险事件有识别或控制功能，当相应的控制/流程类环节有效时可以发现并在一定程度对已经发生的操作风险事件进行处理及弥补。

通过调研，非控制/流程类操作风险原因主要表现为操作风险事件的诱发原因。只有个别此类操作风险原因可能由于预谋或合谋而成为连续的风险原因导致同一个操作风险事件。这种情况可以按照前面所述的预谋或合谋事件的记录方式记录。

控制/流程类操作风险原因主要表现为操作风险诱发原因导致损失事件后的后续风险原因对诱发原因造成的损失起到放大或缩小的作用。

（6）每一个操作风险损失事件的拓扑数据模型的记录，必须是公司操作风险影响图（参见第6章）的一个拓扑部分，这样才能成为以影响图方法度量操作风险的有效样本。否则就应该成为影响图改进的支持。

以上原则主要是为了保证使用操作风险拓扑数据模型记录操作风险事件时风险诱发原因频率数据之间的独立性。这样在统计操作风险事件的发生频率时只需要统计风险诱发原因的发生频率即可，而且这些诱发原因导致风险事件的发生次数可以直接相加，从而大大简化了操作风险发生频率的计算。

5.2.4 使用操作风险拓扑数据模型记录操作风险事件的特殊

（1）对于同一主体为了隐瞒或弥补由于无意行为导致的已发生的操作风险事件，而故意采取未授权的或违规的操作从而酿成更大的风险事故的情况：如果公司的操作风险激励机制科学，审计手段有效，那么员工应该在非故意行为导致操作风险事故发生做出向有关部门及负责人汇报的行动选择，而不会采取违规行为隐瞒或弥补事故（参见第 8 章）。如果发生此类事件，可以按照预谋事件记录方式进行记录。

（2）本章建立的操作风险拓扑数据模型基于保险公司操作风险原因（参见第 4 章），不涉及操作风险因素。虽然控制/流程类环节失效有时表现为操作风险因素，但本章的数据模型在记录操作风险事件时并不分析风险因素，只关注并记录各个风险原因在导致最终风险事件过程中的作用。

（3）使用操作风险拓扑数据模型可以帮助公司发现和改进风险控制和运作流程。一旦发现了缺陷，就可以采取措施对其加以改进。如果不改进，那么原统计数据仍然有效，可以继续使用；如果进行了改进，则可以将该缺陷导致的操作风险事件排除在操作风险数据样本之外。因此操作风险拓扑数据模型还可以体现管理改进和内部环境等变化对公司操作风险状况的影响。

（4）在操作风险事件损失的记录中，为了在客观性和一致性上达到可以接受的程度，很重要的一点是损失是可以确认的，也就是说它们必须出现在损益账户的借方。所以，或有损失或准损失不应被记入操作风险事件的损失中。例如由于员工被调离原来的付薪岗位去解决问题而产生的机会成本等不应被计入事件的损失中。[1]

（5）操作风险是一类非常复杂多变的风险，可能还有很多特殊的事件没有被考虑到，甚至还未发生过。因此操作风险拓扑数据模型的记录方式

---

[1] British Bankers' Association, *Global Operational Loss Database-GOLD*, http://www.bba.org.uk/.

还可以在使用过程中不断修正、改进和完善。

5.3 操作风险拓扑数据模型优势

操作风险拓扑数据模型具有以下优势：

5.3.1 更大限度地挖掘操作风险历史数据中蕴含的信息

操作风险拓扑数据模型不仅记录操作风险事件的损失、原因和发生时间，而且利用拓扑结构来辅助记录操作风险事件发生的过程。这些记录将成为各个风险原因之间条件概率和相关性的样本。因此可以充分挖掘宝贵而且相对稀少的操作风险历史数据中蕴含的信息。

5.3.2 针对操作风险特点，关注控制不足和流程漏洞

控制不足和流程漏洞是操作风险的主要成因之一。即使是发达国家先进的金融企业，即使辅助信息系统和人工智能技术，也仍然会有控制不足的地方。例如通过前文对四个影响比较大的操作风险事件的分析，可以看出它们之所以给企业带来巨大的损失，除了一个操作风险触发行为外，都存在控制不足或流程漏洞使得损失长期存在并且被放大。另外，通过调研发现，一些保险公司中普遍存在着，员工或管理者对那些经常会造成风险损失事件但损失金额相对较小的流程漏洞或控制不当的环节熟视无睹。

因此，操作风险拓扑数据模型以及以后章节研究的基于拓扑数据模型的影响图方法都将控制不足和流程漏洞作为主要关注点。这不仅可以针对操作风险的特点，而且可以帮助保险公司发现需要改进的控制点或不合理的流程，并得出这些控制点或流程失效给保险公司带来的损失，从而引起管理者的重视，同时也可以辅助保险公司作出合理的风险管理决策。

5.3.3 代表着一种新的更加有效的风险分析过程和思路

这种新的数据模型不仅是一种新的操作风险描述和记录方式，也代表着一种新的风险分析过程和思路。这种方式，建立在对造成风险事件的诸多风险原因的调查和逻辑分析的基础上，以图形作为辅助，不仅可以帮助人们认识风险事件发生的过程和风险原因的相互作用方式，还可以帮助人们分析和估计风险原因对事件影响的作用。以往的操作风险度量一般都是根据历史记录或主观分析方法找出整个组织内部全部的风险原因，并分析各个风险原因之间的相关关系，用来将各个风险原因度量的结果合成总体操作风险度量结果。这种分析方式使得问题变得十分复杂，而且对相关关系的主观估计过多。相比之下，新的数据结构从每一个事件开始分析和记录，可以充分反映各个风险原因之间的相关关系和造成影响的大小。更加真实地描述风险原因之间复杂的相关关系。而且便于对操作风险的控制。经过调研，受访者普遍反映这种记录模式更便于理解和估计。

5.3.4 具有更丰富的维度

对数据资源的使用深度和灵活性很大程度上取决于数据模型的维度。这就要求数据模型要有尽量多的维度，以便根据任何可能被需要的维度对数据分类和挖掘。事实上，操作风险拓扑数据模型也正是在操作风险一般数据模型的基础上增加了更丰富的维度。

第 6 章

操作风险整体度量方法：基于
拓扑数据模型的影响图

整个保险公司的操作风险是一个非常复杂的系统，可能有几十个甚至上百个风险原因，他们中的每一个都可能造成操作风险事件，而且这些风险原因还会以不同的方式组合，造成更大的操作风险事件。这一系统的复杂性随着企业规模的增大和业务种类的增多而快速增长。如第 2 章中所讨论的，要估计和控制这样复杂庞大的风险系统，完全依赖基于一般数据模型的历史数据和以损失分布法为代表的统计方法仍然有很多问题需要研究。虽然，在巴塞尔协议 II 高级计量法相关研究的推动下，对于已建立操作风险损失数据库的大型金融机构而言，采用各种改进的损失分布法所计算出的 VaR 值能为其进行操作风险评判提供一个有效的依据，但这一过程中包含了诸多假设，影响了操作风险评估的有效性。以至于巴塞尔协议 III 以新标准法取代了巴塞尔协议 II 中的所有计量操作风险最低资本的方法，包括高级计量法。

现有大部分的操作风险度量研究力图针对操作风险小样本、厚尾等数学特性改进统计方法，以提高度量的准确性，而针对操作风险系统复杂性的度量方法的研究相对较少，且主要以贝叶斯网络为主。然而贝叶斯网络方法虽然可以反应风险原因之间的关系，但网络的搭建无法充分利用历史损失事件中的信息，并且也无法解决一般数据模型的缺陷。在缺乏历史数据，或历史数据有效性较低的情况下，可以使用贝叶斯网络结合模糊认知图的方法评估操作风险（参见第 9 章）。有专家提到过可以使用影响图来度量操作风险①，但没有建立完整的体系。

影响图（influence diagrams）是一种由美国霍华德（Howard）教授等在 20 世纪 80 年代提出的复杂的不确定性决策问题的有效的图形表征语言，是将贝叶斯条件概率定理应用于图论的成果。企业操作风险影响图的构建将帮助人们对操作风险有一个整体的把握。在此基础上仍可以使用有针对性的高效的统计方法对影响图局部风险系统进行度量。影响图是一个可以包容各种度量方法的基础的风险拓扑结构，但需要同样具有拓扑结构的数据模型作为支持，以更加有效地发挥其优势。因此本章以影响图为工具，以第 5 章中提出的拓扑数据模型作为基础，研究操作风险整体分析与评估框架。

6.1 影响图介绍

影响图是由结点和弧组成的无环路有向图，其中结点代表所研究问题的主要变量，有向弧表示变量间的相互关系。它根据决策者（或委托人）对问题的描述结合专家知识表征问题结构的一种直观图形，在图中明确表示出变量间的关系，尤其是变量间的条件独立和信息流向，是一种表示与求解不确定性问题的工具。影响图本身具有两个层次：第一层是图，第二层是每个结点的数据结构。

影响图通常由四类结点和四类有向弧组成。结点因其代表的变量不同，可分为机会结点、决策结点、价值结点和确定型结点。在影响图中，机会结点代表不确定事件或随机变量，通常用圆圈表示，其不确定性用条件概

---

① The Operational Risks Working Party, *Report of the Operational Risks Working Party to GIRO 2002*, www. louisepryor. com/papers/giro02-oprisk. pdf.

率表示。决策结点代表决策变量，即一个连续变量或一组离散的可行方案，通常用方块表示。价值结点代表所研究问题目标函数，表示决策者要极大化的效用期望值，通常用菱形或六角形表示。确定型结点可视为一种条件概率分布退化了的特殊的机会结点，即当已知其条件变量的状态时就可以决定其取值，通常用双圆圈表示。

影响图中有向弧有四种类型：关联弧、影响弧、信息弧和莫忘弧，它们代表的含义由有向弧的箭头和箭尾连接的结点的类型决定。当两个随机变量是相互独立时，在两个结点间无有向弧连接。当两个随机变量是相关时，它们之间有弧线连接，弧的方向表示概率估计的次序，不同的弧向代表不同的概率估计次序。

一组变量间关系的最一般形式是其联合概率。假设所研究问题中有 n 个变量 x_1，x_2，$\cdots$，x_n，用联合概率 $\Pr(x_1$，x_2，$\cdots$，$x_n)$ 代表有关这些变量关系的信息。若已知这一联合概率，按概率链规则，可将其展成 $n!$ 个由不同的边缘概率和条件概率相乘的形式，式（6.1）是这 $n!$ 展开式中的一个。每一种展开式都对应着一种概率估计次序，每种次序对应影响图中的一组有向弧。

$$\Pr(x_1，x_2，\cdots，x_n) = \Pr(x_1)\Pr(x_2 \mid x_1) \cdots \Pr(x_n \mid x_1，x_2，\cdots，x_{n-1})$$

（6.1）

根据组成和用途，可将影响图分为概率影响图和决策影响图两大类。一是含有决策结点的影响图称为决策影响图；二是仅含有机会结点和确定性结点的影响图称为概率影响图。其中，机会结点与确定型结点代表随机（或确定型）变量，有向弧指示可能（不一定实际）存在的概率相关性；在每一个结点上附加的数指示该结点的值和依赖前序结点可能状态的条件概率。

所有条件概率分布的乘积是这些结点的联合概率分布，概率影响图表示它所含变量的联合概率分布的一种可能的估计顺序。利用影响图可以进行概率推理、判断变量间的条件独立性、条件概率的引出和随机灵敏度分析。本章构造的操作风险影响图是一种概率影响图，当然也可以在操作风险概率影响图的基础上进一步构造操作风险决策影响图用于支持操作风险管理决策。

6.2　操作风险影响图方法度量体系

应用操作风险影响图方法度量操作风险首先应基于以下前提：

（1）企业董事会/高层管理人员有管理操作风险的意愿。

（2）企业有合理有效的制度支持所需数据能够按照拓扑数据模型搜集。

（3）假设诱发风险原因导致损失的事件最终都被发现了。即或者被后续控制或流程环节发现，或者最终导致操作风险事件造成损失而被企业发现（这样诱发风险原因的边缘概率就可以获得，参见第 7 章）。

在操作风险拓扑数据模型基础上，以假设损失事件已经发生为前提，整理所有可能的诱发原因作为影响图的决策结点，将后续原因作为机会结点，最终结点是"操作风险事件"。这样，每一个从诱发原因结点经过后续原因结点最终到达操作风险事件结点的路径或者从诱发原因结点直接到达最终操作风险事件结点的路径都是一类操作风险事件发生过程的抽象。整个操作风险影响图就是由囊括企业发生及可能发生的全部操作风险事件类型的各种路径组成的网络。每个以拓扑数据模型记录的操作风险事件应该是保险公司操作风险影响图中某条路径的一个样本。

操作风险影响图的构建过程首先应该通过与专家的深度访谈和逻辑分析等方法，识别本公司可能导致操作风险事件的风险原因，并分析其导致操作风险事件的作用关系，构建基础的操作风险影响图。然后对已积累的操作风险数据进行拓扑数据模型改造，用改造后的数据来修正基础操作风险影响图。

操作风险影响图的一个重要的特性就是动态发展。这是由操作风险的特征决定的。操作风险事件多种多样，而且还会受到管理决策以及企业内外部环境变化的影响。所以保险公司操作风险影响图建立之后也要不断地修正。操作风险拓扑数据模型可以为影响图修正提供信息，也可以支持影响图修正后操作风险的度量。

虽然主观数据更加灵活，而且可以考虑风险的前瞻性，但客观数据却永远更加令人信服。尤其在为了配置经济资本或监管机构控制金融机构资本充足率而需要进行风险度量时，由于为了度量某个企业的操作风险而需要的主观数据必须由了解该企业实际情况的人员做出估计或提供，这时企业为了少配置资本，降低资本充足率，将有动力并可能控制内部人员提供的主观数据的可靠性。因此，客观情况决定了，在为配置资本而进行的风险度量时必须使用客观数据。基于拓扑数据模型的影响图度量方法能够充分挖掘和利用历史数据所蕴含的信息，只要有充足的数据，操作风险度量将完全可以依靠客观数据进行，因此该度量体系将可以用来考察企业的资本充足率。同时该体系也支持主观数据的使用，并且更加便于专家的估计。

在操作风险度量研究的初期，由于没有数据积累，人们曾一度怀疑操作风险的可度量性，随着各大金融企业对操作风险数据记录、积累方面的不断尝试和努力，基于历史数据的操作风险度量和管理已被人们普遍接受。所以虽然目前还没有关于操作风险子类的条件分布数据的记录，只要操作风险新的数据结构能够被接受，并开始以这种数据结构来记录操作风险数据，那么基于新数据结构下的客观数据的操作风险度量就将不再是空中楼阁，而是一种可行并有效的度量方式。

6.3   操作风险影响图构建

6.3.1   操作风险影响图的构建步骤

前面提到，影响图包含两个部分，一是由图形网络表征的拓扑结构部分，二是结点的数据结构。图 6.1 描述了影响图构建的循环过程。

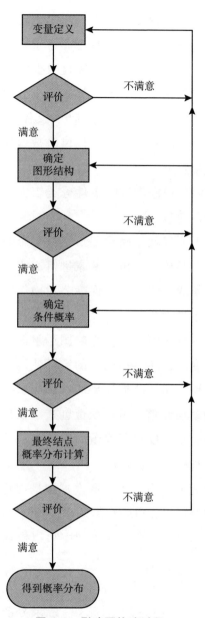

图 6.1　影响图构建过程

从图 6.1 可以看出，构建影响图第一步是确定该领域的变量。在影响图中，对每个变量给出确切的定义和状态非常重要。这些变量的选取是保险公司操作风险管理的基础，而且操作风险数据库数据的收集也将按照这些变量来进行，因此影响图中变量的选择必须十分慎重，应该综合考虑以下几方面：①保险公司操作风险的自身特点；②保险公司运作流程和业务；③可能使用的外部数据种类；④便于操作风险数据的获取；⑤能够为操作风险管理提供充足的信息。

本章以第 4 章保险公司操作风险事件分类表中所列的具体风险原因作为操作风险影响图中的变量。

在确定变量后，下一步就是确定图形结构。影响图的结构可以首先根据各变量之间的逻辑关系确定，再与专家进行交流，利用他们的经验对影响图进行修正，最后抽取一定数量的保险公司操作风险历史事件检验影响图是否能够包含造成事件发生的原因及其关系。在构造影响图时，应尽量挖掘变量之间的条件独立关系，以使影响图尽量简化。操作风险影响图完成后，并不是一成不变的，还要在以后的实际使用中，依靠历史数据和实际情况不断修正和发展。拓扑数据模型能够适应影响图的结构变化，这也为操作风险影响图的动态调整和可扩展性创造了条件。在构建图形结构完成后，需要仔细检查它是否反映了变量间的所有的关联关系，这时可以通过征询专家的意见来进一步完善图形结构。

构建影响图的第三步是确定条件概率，这是构建过程的主要问题。获得条件概率的途径和获得操作风险数据的途径相同：主观数据、历史数据、外部数据。对于不同结点所需的条件概率可以根据其特点选择适当的途径获得所需的数据。

我国大部分优秀的保险公司都对经营过程中发生的较大的损失事件有所记录，但正像第 4 章中论述的，这些记录分散在企业的各个部门，没有经过整理和挖掘。这些记录实际上蕴含了丰富而且宝贵的操作风险历史信息，但是对他们的整理是一项庞大而且复杂烦琐的工作，需要企业在资金、信息技术和人力上的投入。这是操作风险度量起步阶段必须经历的一步，这些困难也正是一些保险公司难于迈出操作风险度量第一步的原因。

也正是由于这些原因，作者无法获得经过规范整理的可用的历史数据。我国保险行业还没有建立收集整理公用操作风险数据的组织，外部数据也无从获得。因此本研究使用的条件概率采用专家估计的途径得到。

在得到影响图的图形结构和结点数据后就可以计算保险公司操作风险损失分布，具体计算方法将在第 7 章中进行研究。

6.3.2 保险公司操作风险影响图构建

由于保险公司操作风险原因种类繁多而且关系复杂，因此为了便于分析，本章首先从第二级风险原因开始构建影响图。然后再根据第三级风险原因分别构建每个第二级风险原因的影响图。最后再到第四级风险原因。

构造操作风险影响图的关键是确定各个结点之间的条件独立关系，条件独立关系可以简化影响图的拓扑结构，也可以减少操作风险度量所需要的数据收集量。通过调研和逻辑分析以及操作风险拓扑数据模型下的数据记录原则（见第 5.2.4 节）可以确定以下一些影响图构造原则：

（1）由于合谋或预谋使多个风险原因同时作用导致损失事件的被认为是一个操作风险事件，风险原因归为内部欺诈或外部欺诈。因此可能由于合谋或预谋使得某些风险原因之间存在相关性的不需要考虑。

（2）对于同一主体为了隐瞒或弥补已发生的操作风险事故，而故意采取未授权的或违规的操作从而酿成更大的风险事故的情况，如果企业的操作风险激励机制科学，审计手段有效，那么员工应该在非故意产生的操作风险事故发生后选择向有关部门汇报，而不会采取违规行为隐瞒或弥补事故（见第 10 章）。在这样的假设下，可以确定更多的条件独立关系，从而使影响图进一步简化。

（3）通过逻辑分析和与专家的交流，从逻辑上和经验上暂时不能证明，在诱发原因的边缘分布间具有某种相关性。因此本章假定各个诱发原因的边缘分布没有相关性，即边缘结点间没有有向弧连接。如果今后所收集的数据达到相关分析的统计要求时，可以再用统计方法来验证此假设的正确性。

（4）分别构造有后续控制/流程类结点的影响图和无后续控制/流程类结点的影响图。人们认识事物都是有一定过程的，当公司设计并实施了一种流程或控制环节，就意味着在当时该流程或控制环节被认为是没有漏洞或没有被发现存在漏洞的，但在长期的流程实施过程中，可能会逐渐暴露出一些问题，甚至发生损失事件。而且由于内外部环境等的不断变化，原本是完善的流程或控制环节也会发生损失事件，即使是发达国家的一些有百年以上历史的金融企业，也会不断地修改其运作流程及控制环节。

当流程或控制环节本身没有漏洞或不合理的情况时，其执行者也有可能由于疏忽或故意而没有按照要求执行相关操作，在这种情况下，只有当之前的操作已经产生损失时，流程或控制环节执行的错误没有能够查出之前的损失或错误，才会造成损失事件的发生或损失的增大；相反如果初始操作损失已经发生，而流程或控制环节被正确执行则后续环节将能够发现这一操作损失事件，从而及时给予处理。因此控制/流程类原因作为后续环节，有很重要的作用。

例如，在我国保险公司的稽核过程中常发现的一些问题，如财务、业务未定期进行账务核对；分支机构账户变动未及时备案，投保单及涂改未经有效签章确认等，这些都属于没有按照流程执行相关操作。

所以本章将操作风险原因分为控制/流程类原因和非控制/流程类原因。通过调研发现，非控制/流程类操作风险原因主要表现为操作风险事件的诱发原因。只有个别此类操作风险原因可能由于预谋或合谋而成为连续的风险原因导致同一个操作风险事件。这种情况可以按照前面所述的预谋或合谋事件的记录方式记录。因此我们假设如果没有诱发原因，流程类原因不会直接造成操作风险事故。在本章的操作风险原因中属于控制/流程类原因有 8 个：保全管理不当、单证管理不当、核赔流程不当、核赔失误（后续）、核保流程不当、核保失误（后续）、财务流程不当、资金运用流程不当（见图 6.3）。

综上，诱发原因如果导致了操作损失，则有两种情况：无后续控制/流程类环节，或者有后续控制/流程类环节但其无效，未能发现诱发原因造成的损失事件。所以为了简化操作风险影响图，本章采用保险公司最基本的操作风险原因、运营环节和流程分别构造了无后续控制/流程类结点的影响图（见图 6.2）、有后续控制/流程类结点的影响图（见图 6.3）。两张图可以直接叠加，形成一张完整的保险公司操作风险影响图。

（5）核保失误可能在后续的核保流程中被发现，也可能在核赔环节中被发现。

（6）核保失误与核赔失误及可能作为投保欺诈、核赔欺诈、未授权或超权限业务、投保人告知过失等操作风险诱发原因的后续原因，也可能作为诱发原因直接导致操作风险事件的发生。它们在作为诱发原因和后续原因时，在操作风险事件损失形成过程中起到不同的作用，不能一概而论，因此在构建操作风险影响图时，把它们作为两个结点来分别处理。

本章中列举的流程还可以根据各家保险公司继续细化，这里为了研究更有条理性，根据我国保险公司一般的业务方式，只对流程进行了基本的划分。即分为核保流程、核赔流程、保全管理流程、资金运用流程、财务流程、单证管理 6 类。

另外，通过对流程的详细分析还可以更清晰地知道，哪些操作风险事件是不能被流程发现的，哪些又是可以被发现的，从而对操作风险影响图进一步细化。但是，操作风险影响图过于复杂，显然对问题的分析、度量计算效率、数据搜集难度、度量成本、度量结果的理解等方面产生不利的影响，因此，操作风险影响图的复杂性也是一个非常重要的操作风险管理决策问题。

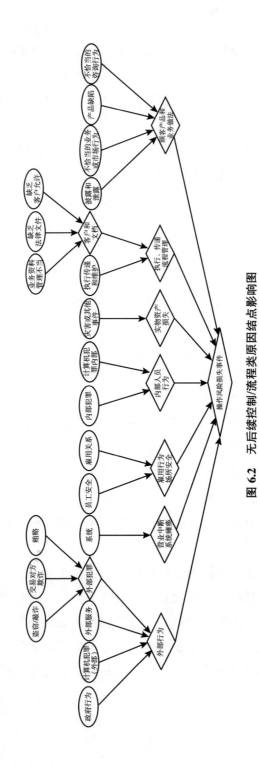

图 6.2 无后续控制流程类原因结点影响图

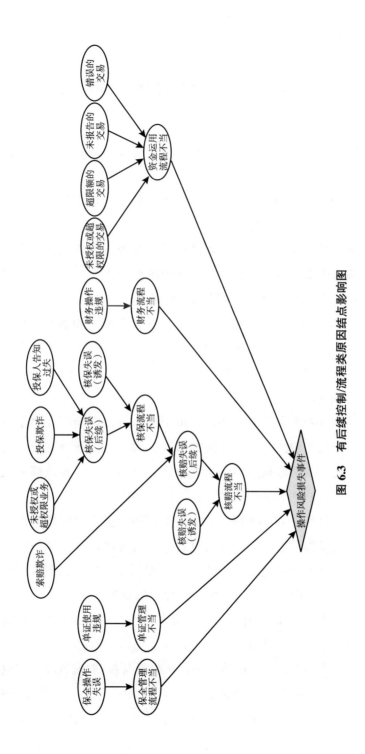

图 6.3 有后续控制/流程类原因结点影响图

6.4　影响图方法的优点

总的来说，影响图在以下几个方面优于传统损失数据模型下操作风险度量方法：

（1）图形结构可以反映操作风险原因之间定性、定量的相关关系、条件独立关系，便于理解、分析和计算。

（2）允许依据新信息对影响图进行修正和改进。它能比较方便地根据不同信息调整模型的网络结构。影响图的图形特点允许在不对网络中其他部分产生重大影响的情况下增加或删除变量。

（3）影响图的计算可以完全基于以拓扑数据模型积累的历史数据，同时也支持并且便于专家提供估计的主观数据，或者是灵活地将主观数据与客观数据结合使用。这样在模型计算过程中数据的选择上就具有很大弹性，而且可以充分利用两类数据的优势。

（4）可以提高外部数据适用性。由于操作风险影响图反映了风险原因作用过程，而且影响图支持对局部的研究，因此可以通过对影响图的分析或者拓扑变换，找出影响图中与企业个性无关的局部，在该部分使用外部数据，从而提高外部数据的可用性。

（5）支持保险公司操作风险管理决策分析。操作风险影响图反映了各风险原因造成操作风险损失事件的过程，并且可以计算各个原因对损失的影响。因此可以通过影响图计算得出这些风险原因尤其是控制/流程类原因给企业带来的损失有多大，从而引起管理者的重视。

而且，由于控制/流程有效率越高成本越高，如增加人员、提高控制人员待遇、使用更先进的设备或系统等，所以可以在操作风险概率影响图的基础上进一步构造操作风险决策影响图，分析某控制/流程环节有效率提高多少可以使风险降低多少，进而只要知道提高某个控制点有效率的成本，就可以计算多少成本增加可以换来多少风险下降，从而综合经济因素判断改进哪些控制/流程环节可以在合理的成本支出下减少操作风险损失，为科学的风险管理决策提供帮助。

综上，操作风险影响图是在操作风险拓扑数据模型基础上，以假设损失事件已经发生为前提，整理所有可能的诱发原因作为影响图的决策结点，将后续原因作为机会结点，以"操作风险事件"为最终结点构造而成。整个操作风险影响图是由囊括企业发生及可能发生的全部操作风险事件类型的各种路径组成的网络。每个以拓扑数据模型记录的操作风险事件都是保险公司操作风险影响图中某条路径的一个样本。本章以第 4 章保险公司操作风险事件分类表中所列的具体风险原因作为操作风险影响图中的变量，分别构造了无后续控制/流程类结点的影响图和有后续控制/流程类结点的影响图。两张图可以直接叠加，形成一张完整的保险公司操作风险影响图。

影响图具有便于理解、分析和计算；允许依据新信息对影响图进行修正和改进；可以充分利用客观数据和主观数据的优势；可以提高外部数据适用性；支持保险公司操作风险管理决策分析等优于传统损失数据模型下操作风险度量方法的优点。

影响图的计算将在下一章中进行研究。

第 7 章
基于拓扑数据模型的操作风险影响图计算

7.1　操作风险影响图计算

影响图的建立不仅可以帮助相关人员在新的数据模型下分析造成风险事件的各个复杂原因之间的关系，还可以支持基于这一数据模型的操作风险的统计分析。操作风险影响图计算分为三步：首先利用影响图计算保险公司操作风险总损失强度分布；然后计算保险公司操作风险总损失频率分布；最后将总损失强度分布与总损失频率分布复合，计算保险公司操作风险总损失分布。其中，总损失强度计算要分别计算影响图中每一条路径的损失分布，再加总为总损失强度分布。

操作风险影响图中的每一个路径都描述了一种在各类风险原因作用下操作风险事件发生的过程。这些路径可以分为两类：第一类是诱发原因造成的损失事件就是最终操作风险损失事件，如图 7.1 中情况 I 所示，这一类路径存在于无后续控制/流程类结点的操作风险影响图（见图 6.2）中。第二类是存在于有后续控制/流程类结点的影响图（见图 6.3）中的路径。它们的特征是诱发原因结点之后存在一个以上的后续风险原因直到最终的损失事件结点。这一类路径中最简单的是只有一个后续控制/流程类结点的情况，如图 7.1 中情况 II 所示。

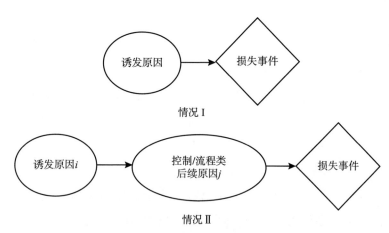

图 7.1 操作风险影响图基本路径

在情况 Ⅱ 中，那些可能受到控制/流程类操作风险原因影响的操作风险事件的发生过程又有两种情况：

情况 A：如果控制/流程类风险原因 j（以下简称流程 j）设计没有漏洞并且被正确执行时可以发现诱发风险原因 i 导致的事故，这种情况记为事件 G_{ij}，其概率为 $P(G_{ij}) = q_{ij}$。

情况 B：即使流程 j 设计没有漏洞并且被正确执行时也不可能发现诱发风险原因 i 导致的事故，这种情况记为 $\bar{G}_{ij}$，其概率为 $P(\bar{G}_{ij}) = 1 - q_{ij}$。

其中，q_{ij} 仅与流程 j 和风险诱发原因 i 的种类有关。

在情况 Ⅰ 中该路径的操作风险最终损失分布就是诱发原因 i 造成的操作风险事件的损失分布。因此下面主要研究情况 Ⅱ 所示类型路径的操作风险损失分布计算方法。

7.1.1 损失强度分布计算

情况 Ⅱ 所示类型路径的操作风险损失事件又存在两种情况，首先分别研究它们的损失强度分布计算方法，再加总。

7.1.1.1　情况 A

在情况 A 条件下，又存在两种可能的情况，即第一种情况，流程 j 设计没有漏洞并且被正确执行，此时，诱发的操作风险事件将被发现，称为流程 j 有效。第二种情况，流程设计存在漏洞或没有被正确执行，此时，诱发的操作风险事件将不能被发现，称为流程 j 无效。

在诱发原因 i 诱发了操作风险事件的条件下，当流程 j 有效时，其对前续原因造成损失的影响以一个缩小倍数来表示，该缩小倍数是一个随机变量，其概率密度函数为 $f_y(n_{ij} | \text{yes})(n_{ij} \leqslant 1)$；当流程 j 无效时，其对初始损失的影响以一个放大倍数来表示，该放大倍数也是一个随机变量，其概率密度函数为 $f_n(N_{ij} | \text{no})(N_{ij} \geqslant 1)$。放大倍数和缩小倍数统称为流程 j 对初始原因的影响乘数。

对于每个属于控制/流程类风险原因都有两个与之对应的随机变量，它们仅与该风险原因和其前续风险原因的种类有关。它们可以通过使用在拓扑数据结模型下收集的样本统计得到，虽然这种方法需要一定时期积累的历史数据。

为了简化分布函数的获得，进一步假设流程 j 对诱发风险原因 i 的影响乘数服从两点分布。两项取值为 $f_y(n_{ij} | \text{yes})$ 和 $f_n(N_{ij} | \text{no})$ 的均值。

设 $E[f_y(n_{ij} | \text{yes})] = n_{ij0}$，$E[f_n(N_{ij} | \text{no})] = n_{ij1}$

即：在诱发原因 i 导致操作风险损失的条件下，设流程 j 对诱发原因 i 造成损失的影响乘数为随机变量 C_{ij}，其服从两项分布。设在风险原因 i 导致操作风险事件的条件下，流程 j 以概率 p_j 有效，此时其对诱发原因造成损失的影响乘数 $C_{ij} = n_{ij0}$；流程 j 以概率 $1 - p_j$ 失效，此时对诱发原因造成损失的影响乘数为 $C_{ij} = n_{ij1}$。其中，p_j 仅与流程 j 的风险类型有关。C_{ij} 二项分布如图 7.2 所示。

C_{ij}	n_{ij0}	n_{ij1}
P_r	p_j	$1 - p_j$

图 7.2　随机变量 C_{ij} 二项分布

设给定一个损失事件已经发生的情况下，诱发原因 i 造成的初始损失 L_i 的分布为 $f_{L_i}(l)$（$f_{L_i}(l)$ 仅与诱发原因有关）。设情况 A 下最终操作风险事件损失 X_{ij} 的分布为 $F_{X_{ij}}(x)$。则

$$
\begin{aligned}
F_{X_{ij}}(x) &= P(X \leqslant x) \\
&= P(X \leqslant x \mid C_{ij} = n_{ij0}) \times P(C_{ij} = n_{ij0}) + P(X \leqslant x \mid C_{ij} = n_{ij1}) P(C_{ij} = n_{ij1}) \\
&= P\left(L_i \leqslant \frac{x}{n_{ij0}} \mid C_{ij} = n_{ij0}\right) \times p_j + P\left(L_i \leqslant \frac{x}{n_{ij1}} \mid C_{ij} = n_{ij1}\right)(1 - p_j)
\end{aligned}
$$

$$(7.1)$$

乘数 C_{ij} 与初始损失 L_i 无关，所以

$$
\begin{aligned}
F_{X_{ij}}(x) &= P\left(L_i \leqslant \frac{x}{n_{ij0}}\right) p_j + P\left(L_i \leqslant \frac{x}{n_{ij1}}\right)(1 - p_j) \\
&= F_{L_i}\left(\frac{x}{n_{ij0}}\right) p_j + F_{L_i}\left(\frac{x}{n_{ij1}}\right)(1 - p_j)
\end{aligned}
$$

$$(7.2)$$

对式（7.2）两边求导，得情况 A 下的总损失 X_{ij} 的密度函数为

$$
f_{X_{ij}}(x) = f_{L_i}\left(\frac{x}{n_{ij0}}\right) \times \frac{p_j}{n_{ij0}} + f_{L_i}\left(\frac{x}{n_{ij1}}\right) \times \frac{1 - p_j}{n_{ij1}}
$$

$$(7.3)$$

7.1.1.2　情况 B

由于情况 B 中诱发的操作风险事件不能被发现，因此情况 B 下的总损失 X_{ij} 的密度函数为

$$
g_{X_{ij}}(x) = f_{L_i}(l)
$$

$$(7.4)$$

以上分别得到了情况 A 和情况 B 下的损失强度分布，则在诱发原因结点后存在流程结点时（见图 7.1 情况 Ⅱ），总损失分布的密度函数为

$$
h_{X_{ij}}(x) = \left[f_{L_i}\left(\frac{x}{n_{ij0}}\right) \times \frac{p_j}{n_{ij0}} + f_{L_i}\left(\frac{x}{n_{ij1}}\right) \times \frac{1 - p_j}{n_{ij1}} \right] q_{ij} + f_{L_i}(x)(1 - q_{ij})
$$

$$=f_{L_i}\left(\frac{x}{n_{ij0}}\right)\times\frac{p_j q_{ij}}{n_{ij0}}+f_{L_i}\left(\frac{x}{n_{ij1}}\right)\times\frac{(1-p_j)q_{ij}}{n_{ij1}}+f_{L_i}(x)(1-q_{ij})$$

$$(7.5)$$

如果某一个诱发原因后存在多个后续流程类控制结点，可以看作在情况 Ⅱ 中在控制/流程类原因结点 j 后陆续增加新的后续控制/流程类原因结点。只需将前部分总损失强度密度函数作为新增结点之前的初始分布密度函数，仍按照上述方法进行计算即可。下面以存在两个控制/流程类原因结点的路径为例，如图 7.3 所示的情况 Ⅲ，演示总损失强度分布密度函数的计算。如果路径中存在更多的控制/流程类原因结点可以使用相同的方法以计算机程序来实现计算。

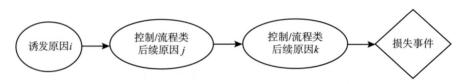

图 7.3　操作风险影响图基本路径——情况 Ⅲ

设流程 j 结束后损失分布函数为 $f_{L_j}(l)$

$$f_{L_j}(l)=h_{X_j}(x)$$

$$=f_{L_i}\left(\frac{x}{n_{ij0}}\right)\times\frac{p_j q_{ij}}{n_{ij0}}+f_{L_i}\left(\frac{x}{n_{ij1}}\right)\times\frac{(1-p_j)q_{ij}}{n_{ij1}}+f_{L_i}(x)(1-q_{ij})\qquad(7.6)$$

设流程 k 对前序结点造成损失的影响乘数为随机变量 C_{jk}，其服从两项分布。C_{jk} 二项分布如图 7.4 所示。

C_{jk}	n_{jk0}	n_{jk1}
P_r	p_k	$1-p_k$

图 7.4　随机变量 C_{jk} 二项分布

则情况 **Ⅲ** 的总损失分布为

$$h_{X_k}(x) = f_{L_j}\left(\frac{x}{n_{jk0}}\right) \times \frac{p_k q_{jk}}{n_{jk0}} + f_{L_j}\left(\frac{x}{n_{jk1}}\right) \times \frac{(1-p_k)q_{jk}}{n_{jk1}} + f_{L_j}(x)(1-q_{jk}) \qquad (7.7)$$

将式（7.6）代入式（7.7）中得

$$
\begin{aligned}
h_{X_k}(x) =\,& f_{L_i}\left(\frac{x}{n_{ij0}n_{jk0}}\right) \times \frac{p_j q_{ij}}{n_{ij0}} \times \frac{p_k q_{jk}}{n_{jk0}} + f_{L_i}\left(\frac{x}{n_{ij1}n_{jk0}}\right) \times \frac{(1-p_j)q_{ij}}{n_{ij1}} \times \frac{p_k q_{jk}}{n_{jk0}} \\
&+ f_{L_i}\left(\frac{x}{n_{ij0}n_{jk1}}\right) \times \frac{p_j q_{ij}}{n_{ij0}} \times \frac{(1-p_k)q_{jk}}{n_{jk1}} + f_{L_i}\left(\frac{x}{n_{ij1}n_{jk1}}\right) \times \frac{(1-p_j)q_{ij}}{n_{ij1}} \times \frac{(1-p_k)q_{jk}}{n_{jk1}} \\
&+ f_{L_i}\left(\frac{x}{n_{jk0}}\right) \times (1-q_{ij}) \times \frac{p_k q_{jk}}{n_{jk0}} + f_{L_i}\left(\frac{x}{n_{jk1}}\right) \times (1-q_{ij}) \times \frac{(1-p_k)q_{jk}}{n_{jk1}} \\
&+ f_{L_i}\left(\frac{x}{n_{ij0}}\right) \times \frac{p_j q_{ij}}{n_{ij0}} \times (1-q_{jk}) + f_{L_i}\left(\frac{x}{n_{ij1}}\right) \times \frac{(1-p_j)q_{ij}}{n_{ij1}} \times (1-q_{jk}) \\
&+ f_{L_i}(x)(1-q_{ij})(1-q_{jk})
\end{aligned}
\qquad (7.8)
$$

拓扑数据模型记录规则（见第 5 章）以及操作风险影响图的构建过程（见第 6 章）可以保证每条路径的损失强度分布相互独立。这样在计算出操作风险损失强度影响图中每一个路径的总损失强度分布后，可以充分利用独立的特性，使用卷积公式或蒙特卡洛模拟等方法计算企业操作风险总损失强度分布。

7.1.2　损失频率分布计算

假设：操作风险事件一旦被某个诱发风险原因触发，则要么被控制/流程环节发现（当控制/流程环节有效时），要么最终操作风险损失被发现。

基于以上假设，利用以拓扑数据模型记录的操作风险损失事件的历史数据可以得到任意一个风险诱发原因的触发概率。不论控制/流程环节是否有效，风险诱发原因的触发都导致了一起操作风险损失事件，所以操作风险事件总的发生频率应与操作风险影响图最外缘的风险诱发原因的触发频率的和相等。而且拓扑数据模型记录规则（见第 5 章）以及操作风险影响图的构建过程（见第 6 章）可以保证诱发原因的触发频率相互独立。这样可以将各个诱发原因触发操作风险事件的数量直接相加得到每年企业操作风险事件总件数，进而得到操作风险的频率分布。

7.1.3 操作风险总体损失分布计算

年度损失分布是损失频率分布和损失强度分布复合分布。

图7.5说明了年度损失分布如何由损失频率分布和损失分布组合而成。对某一保险公司，为一年内操作风险损失事件的个数 n 定义一个离散分布函数 $b(n)$，为给定 n 的前提下损失额 x 定义一个连续条件分布 $g(x\,|\,n)$，则年度损失分布就服从一个复合概率分布（Carol，2003）：

$$f(x) = \sum_{n=0}^{\infty} b(n)g(x\,|\,n) \tag{7.9}$$

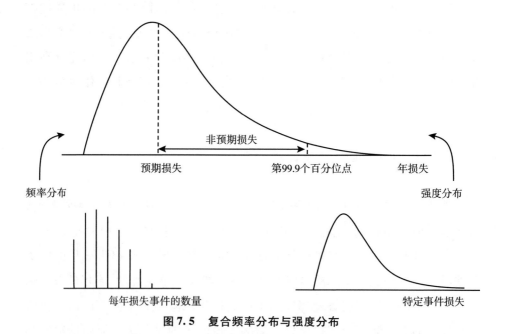

图 7.5 复合频率分布与强度分布

一般情况下，我们假设损失分布独立于损失频率分布。此时使用蒙特卡洛模拟法计算总损失分布。

蒙特卡洛模拟法，又称随机抽样或统计试验方法，属于计算数学的一个分支，它是在 20 世纪 40 年代中期为了适应当时原子能事业的发展而发展起来的。其特点是用数学方法在计算机上模拟实际概率过程，然后加以统计处理。其基本原理是：假定函数 $Y = f(X_1, X_2, \cdots, X_n)$，其中变量 $X_1, X_2, \cdots, X_n$ 的概率分布已知。蒙特卡洛模拟法利用一个随机数发生器通过直接或间接抽样取出每一组随机变量 $(X_1, X_2, \cdots, X_n)$ 的值 $(x_{1i}, x_{2i}, \cdots, x_{ni})$，然后按 Y 对于 $X_1, X_2, \cdots, X_n$ 的关系式确定函数 Y 的值 $y_i = f(x_{1i}, x_{2i}, \cdots, x_{ni})$。反复独立抽样（模拟）多次（$i = 1, 2, \cdots$），便可得到函数 Y 的一批抽样数据 $y_1, y_2, \cdots, y_n, \cdots$，当模拟次数足够多时，便可给出与实际情况相近的函数 Y 的概率分布及其数字特征（郭振华，2005）。

蒙特卡洛模拟法能够在难以用数学方法求解的情况下，通过计算机模拟获得最终的概率分布结果，尽管蒙特卡洛模拟法得到的是近似结果，但可以通过模拟次数的增加来提高精确性。正如沃斯（Vose，2000）给出的风险分析建模的黄金原则之一："当你不能计算时就模拟它。"随着计算机技术的发展，蒙特卡洛模拟法以其灵活性和宽泛的适用性正在被广泛使用于风险度量领域。本书第 8 章中算例就采用了这种方法。

为获得年度损失分布，我们可以使用基于式（7.9）的一种简单模拟算法，过程如下：

第一步，从频率分布中抽取一个随机样本，假定这会模拟出每年 n 个损失事件；

第二步，从损失分布中抽取 n 个随机样本，这些模拟损失样本记为 $L_1, L_2, \cdots, L_n$；

第三步，将这个模拟样本相加，得到一个年度损失样本：$X = L_1 + L_2 + \cdots + L_n$；

第四步，回到第一步，将前三步重复 N 次，得到 N 个年度损失样本 $X_1, X_2, \cdots, X_N$，N 要非常大；

第五步，绘制 X_1，X_2，$\cdots$，X_N 的直方图，用以代表模拟年度损失分布。

其他常用的复合操作风险损失强度分布和损失频率分布的方法还有数学方法和 CIM 模型法等。

所谓数学方法是指利用求随机变量和与随机变量积的数学公式通过计算获得风险评价模型结果的概率分布。代数方法的优点是计算结果精确，但其适用范围较窄。

CIM 模型（controlled interval and memory model，控制区间和记忆模型）是进行概率分布叠加的有效方法之一。其特点是：用直方图表示变量的概率分布，按串联或并联响应模型进行概率叠加。直方图具有相同宽度的区间，而 CIM 模型正是利用相等区间直方图进行叠加运算，使概率分布的叠加得以简化和普遍化。所谓"控制区间"，是指为了减小叠加误差，在计算中对叠加变量的直方图缩小其概率区间，将原叠加变量 X 的概率分布直方图的概率区间分解得更小些，提高计算精度；所谓"记忆"，是指当有两个以上的随机变量需要进行概率分布叠加时，可用"记忆"的方式，把前面概率分布叠加的结果记忆下来，应用"控制区间"的方法将其与后面变量的概率分布叠加，直至计算至最后一个变量为止（于九如，1999）。

并联响应模型是从风险因素的角度，通过度量影响某个随机变量的若干个风险因素对该变量取值可能性的影响来获得该变量的概率分布，来进行风险分析。通常需要事先估计待求随机变量的取值范围，然后利用专家来估计影响因素（或风险因素）出现时该变量的取值的不同概率或概率分布，然后采用并联响应模型进行叠加。这种分析方法能够考虑多种风险因素的影响，但并不能用于不同的风险损失分布的求和或求积。串联响应模型显然能够对不同的风险损失分布进行求和，但精度显然比不上蒙特卡洛模拟法，其优点在于能够对一些获取随机数非常困难的经验分布（因而难以采用蒙特卡洛模拟法）进行求和。

获得总体损失分布后，就可以得到其造成的期望损失，以及方差等特征值，并且可以计算 VaR 和覆盖操作风险所需的经济资本。

当存在明显的证据证明损失强度与损失频率之间具有某种相关性时，可以通过对模拟法的一些改进来反映这种相关性。模拟法可以处理一些特殊形式的频率及损失程度之间的依赖关系。

7.2　诱发原因初始损失分布的获得

在操作风险影响图计算中需要已知诱发原因 i 造成的初始损失 L_i 的分布 $f_{L_i}(l)$。$f_{L_i}(l)$ 的获得途径有两种：使用客观数据获得，使用主观数据获得。下面分别进行研究。

7.2.1　初始损失分布客观概率的获得

事件的概率通常是根据大量试验或者历史数据用统计的方法进行计算，计算结果称为客观概率，又称频率概率或经验概率。诱发原因造成的初始损失的分布函数可以通过对客观数据的统计分析得到。在对客观数据进行统计分析时，可以充分借鉴现有的操作风险度量方面的研究成果。在现有的操作风险度量方面的研究中，已有很多关于操作风险损失近似于哪种分布或可以用哪种分布拟合方面的研究。

初始损失分布可以选用的模型包括一些参数概率分布（parametric distribution）和非参数概率分布（non-parametric distribution）。参数概率分布是指那些基于数学函数，其分布形状和范围取决于一个或多个参数的概率分布。可以用于操作风险初始损失强度分布的参数分布有正态分布、对数正态分布、尾部调整的对数正态分布、威布尔分布和其他标准的连续分布。非参数分布的形状直接取决于其分布函数，其分布函数就是它们的形状的描述。可用的非参数分布包括一些直方图或分段分布，或者输入数据进行简单的再抽样（Diane，2003）。

7.2.2 初始损失分布主观概率的获得

计算客观概率需要足够多的信息或足够多的试验数据。但在实际工作中经常不可能获得足够多的信息，特别是在操作风险历史数据积累的初期，操作风险事件出现的次数还不能满足统计要求，因而无法计算客观概率，只好由风险分析者聘请企业内部各领域的专家对初始分布做出一个主观估计，这样确定的概率反映了专家对操作风险事件概率的信念程度，故称为主观概率。在概率风险分析中，很多情况下，风险分析者关心的变量没有历史数据或历史数据很难获得时，使用专家估计就成为非常关键的、不可缺少的方法。虽然主观概率法反映的是专家对事件出现的信念，并非研究对象的客观属性，但专家的估计一定是依赖于过去长期的相关经验与目前能够收集到的相关信息作出的判断，所以主观概率或主观估计也是进行风险分析和风险决策的一种依据（郭仲伟，1986）。

主观概率的获得有以下几个步骤：第一，确定研究对象可以采用的分布形式，以及该分布形式下研究对象的分布函数需要专家估计的参数。第二，获取专家意见（eliciting expert opinion）。采用有效的方法协助专家根据经验信息给出参数的估计值。第三，整合专家意见（aggregating expert opinion）。对多个专家给出的估计值进行整合，得到被估计参数的最终估计值。第四，由估计参数的最终估计值得到研究对象的分布函数。下面分别研究以上四个步骤。

7.2.2.1 步骤一：分布形式选取

分布形式的选取不仅要考虑到研究对象的风险特征，还要考虑到专家能否对分布形式所需要估计的变量给出相对准确的估计值。下面讨论常用于专家意见建模的分布中可以用于操作风险诱发原因初始损失的四种分布。

（1）三角分布（triangular distribution）。三角分布是专家意见建模中使用最多的一种，该分布由三个参数：最小值 a、最可能值 b 和最大值 c 确定，即 Triang(a，b，c)。通过改变最可能值相对于两个端点值的位置，三角形分布可以是对称的、右偏的或左偏的，如图 7.6 所示。

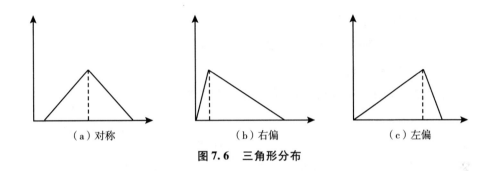

（a）对称　　　　　　　（b）右偏　　　　　　　（c）左偏

图 7.6　三角形分布

其密度函数为

$$f(x) = \begin{cases} \dfrac{2(x-a)}{(b-a)(c-a)}, & \text{若 } a \leqslant x \leqslant c \\[2mm] \dfrac{2(b-x)}{(b-a)(b-c)}, & \text{若 } c \leqslant x \leqslant b \\[2mm] 0, & \text{其他} \end{cases}$$

均值为 $\mu = \dfrac{a+b+c}{3}$，标准差为 $\sigma = \sqrt{\dfrac{a^2+b^2+c^2-ab-ac-bc}{18}}$。

三角分布的优点在于三个参数较为容易估计，而且三个参数的改变对分布形状和范围的改变也非常直观。三角分布的缺点主要是：第一，在一些情况下，最大值相对于最小值和最可能值较难估计，或者是最大值巨大。显然，出现很大值的可能性应该是很小的，但是三角分布的形状决定了很大的最大值必定使其均值和标准差也很大。第二，有界性，使得本来也许会出现极端偏离值的可能性被排除了。第三，三角分布的形状从最可能值到两端的最小值和最大值都是直线，是一种非常确定的、不自然或不太正常的形状，似乎与风险分析者或专家对其该变量知之甚少相矛盾。

（2）变种三角分布。在有些风险分析软件中，含有两个变化了的三角分布，这里称为"变种三角分布"，即 Trigen(a，b，c，p，q)（Vose，2000）。

"变种三角分布"由五个参数决定：

    a——可行的最小值；

    b——最可能值；

    c——可行的最大值；

    p——参数值低于 a 的概率，如 5%，10%；

    q——参数值低于 c 的概率，如 95%，90%。

图 7.7 显示了 Trigen(a，b，c，5%，95%）的形状。

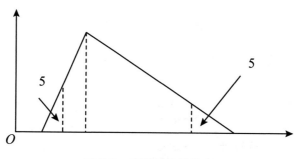

图 7.7　变种三角形分布

"变种三角分布"与普通的三角分布相比，避免了一定要专家估计绝对的最小值和最大值，以可行的最小值和可行的最大值取而代之。

（3）BetaPERT 分布。BetaPERT 分布是基于贝塔分布，但同样取决于与三角分布同样的三个参数（最小值 a、最可能值 b 和最大值 c）的一种分布，由于该分布的均值与过去用于项目计划或进度分析的 PERT 网络法中的假定相同，所以称为 BetaPERT 分布。该分布的均值假定为

$$\mu = \frac{a + 4b + c}{6}$$

BetaPERT 分布的公式为：

$$\text{BetaPERT}(a,\ b,\ c) = \begin{cases} \dfrac{(\alpha+\beta-1)!}{(\alpha-1)!\ (\beta-1)!}\left(\dfrac{x-a}{c-a}\right)^{\alpha-1}\left(1-\dfrac{x-a}{c-a}\right)^{\beta-1}, & 若\ a < x < c \\ 0, & 其他 \end{cases}$$

其中：

$$\alpha = \frac{(\mu - a)(2b - a - c)}{(b - \mu)(c - a)}, \ \beta = \frac{\alpha(c - \mu)}{(\mu - a)}$$

由于 BetaPERT 分布的均值取决于三个参数（最小值 a、最可能值 b 和最大值 c），α、β 又取决于三个参数和均值 μ，所以 BetaPERT 分布与三角分布一样，同样取决于三个参数：最小值 a、最可能值 b 和最大值 c，可写为 BetaPERT(a，b，c)。图 7.8 显示了 BetaPERT 分布的两个例子（粗实线）及其与同参数三角分布（细实线）的比较。

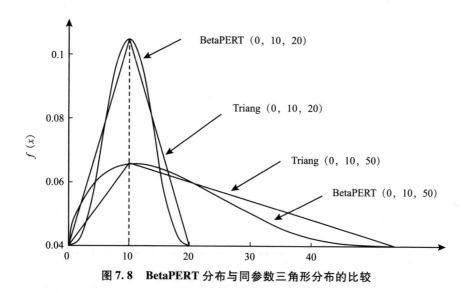

图 7.8　BetaPERT 分布与同参数三角形分布的比较

应该注意到，BetaPERT 分布均值的计算公式与三角分布的不同，三角分布的均值对三个参数（最小值 a、最可能值 b 和最大值 c）的敏感性相同，但 BetaPERT 分布的均值对最可能值 b 的敏感性四倍于对最小值 a 和最大值 c 的敏感性。这就部分地克服了采用三角分布时，最大值尽管出现的可能性较小但仍对均值有显著影响的缺点，也就是说，BetaPERT 分布相对于三角分布来说。削弱了最大值对均值的影响，突出了最可能值对均值的影响。这正是 BetaPERT 分布的优势所在。

（4）General 分布。General 分布采用 General(min，max，$\{x_i\}$，$\{p_i\}$)表示，$\{x_i\}$ 是一系列具有概率密度 $\{p_i\}$ 的 x 值，整个分布位于最小值 min 与最大值 max 之间。专家估计 $\{p_i\}$ 时不需要考虑保证概率密度曲线下方的面积为1，只要给出各取值之间的相对概率即可，最后，通过标准化就可以转化为概率密度曲线。

General 分布的概率密度函数为

$$f(x) = \frac{x - x_i}{x_{i+1} - x_i}(p_{i+1} - p_i) + p_i, \ (x_i \leqslant x \leqslant x_{i+1})$$

图 7.9 显示了 General(0，6，$\{1，2，3，4，5\}$，$\{2，8，9，4，1\}$)的密度函数图。

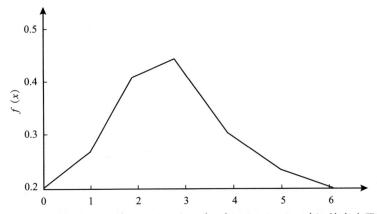

图7.9　General(0，6，$\{1，2，3，4，5\}$，$\{2，8，9，4，1\}$)的密度函数

General 分布是所有连续分布函数中灵活性最大的一种，能够使风险分析者和专家方便地调整分布的形状，最大可能地与专家意见相吻合。当专家能够提供随机变量的更多可能取值及其对应的相对出现概率时，General 分布能够详细地对专家意见进行表达。还应注意到，在请专家对 $\{x_i\}$ 的出现概率 $\{p_i\}$ 进行估计时，只要给出概率的相对大小即可，然后再经过标准化转化为概率密度。例如，风险分析者在请专家对某一危险单位遭受某一风险事故后的损失幅度的分布进行估计时，首先估计损失幅度的最小

值和最大值，然后在此区间内，将损失幅度分为几档，如按危险单位价值的百分比进行分档，然后对每一档次损失幅度的出现概率进行估计时，由于很难估计出具体的概率值，可以事先将出现概率从小到大分为 10 档，从小到大用分值 1，2，…，10 表示概率大小即可，这样很方便请专家给出自己对取值出现概率大小的判断。最后，风险分析者可以通过标准化，或直接通过风险分析软件将其转化为概率密度函数。可以看出，当专家只能给出 $\{x_i\}$ 中的一点时，General 分布就退化为三角分布。

在获得操作风险诱发原因初始损失分布主观概率时，本书推荐采用 BetaPERT 分布。因为：

第一，BetaPERT 分布形式可依参数的变化灵活改变，既可以描述对称分布，也可以描述厚尾分布，因此可以适应不同操作风险损失原因造成损失的强度分布特征的多样性。

第二，BetaPERT 分布可以得到一个完整的损失强度分布函数，而不是分段函数，便于使用前文推导出的公式，计算控制/流程类结点作用后的损失强度分布函数。

第三，BetaPERT 分布只需估计三个参数，减少专家估计的难度。

7.2.2.2　步骤二：获取专家意见

专家的概率估计也存在很多问题，如专家的风险厌恶倾向会使概率估计出现很大误差等。但是，随着技术的发展，已经开发了很多概率描述方法（Morgan，1992）。对人类概率判断的研究表明，人们对用文字描述的概率比对用数字描述的概率更习惯些。鉴于此，伦洛耶和惠特曼（Renooij & Witeman，1999）开发了一种概率描述尺，它同时标示了数字概率和文字描述概率。实践证明它的应用具有良好的效果，既节约了专家的时间，也符合人们的逻辑思维。如图 7.10 所示，尺上同时标有数字和文字刻度。

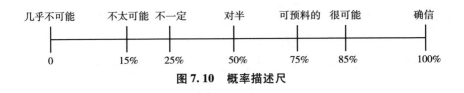

图 7.10 概率描述尺

7.2.2.3 步骤三：整合专家意见

对于同一个分析对象，风险分析者通常会聘请多位专家进行评估，目的是获得更多的试验信息，但不同的专家往往会给出不同的意见或分析结果，整合专家意见就是指对不同的专家意见进行整合，形成分析变量的唯一概率分布。整合专家意见可以使用以下两个常用模型。

（1）线性整合模型（linear opinion pool）。

$$p(\theta) = \sum_{i=1}^{n} w_i p_i(\theta)$$

线性整合模型也称加权算术平均模型，这里 n 表示专家人数，$p_i(\theta)$ 表示第 i 个专家对分析变量 θ 的估计概率分布，$p(\theta)$ 表示分析变量 θ 的整合概率分布，w_i 表示第 i 个专家的权重，$\sum_{i=1}^{n} w_i = 1$。

线性整合模型简单清晰且易于计算，这里需要确定的就是各位专家的权重 w_i，从模型可以看出，权重表征了不同的专家意见的可信度。最简单的做法是假定每位专家的权重相等，此时，线性整合模型就变成了简单的算术平均公式。如果风险分析者认为需要考虑各位专家意见可信度差别，那么更加可信的专家意见显然应该赋予更高的权重，专家意见差别可能来源于拥有信息的不同、专家经验的不同、工作认真程度不同等。专家权重 w_i 的确定一般可以采用下列方法之一或结合使用：[1] 第一，被调查者自己根据自己的专业知识和把握性给出。实际上是给出了自己对自己估计的信心指数。第二，风险分析者根据专家的专业经历、成就等情况给出。实际上是由风险分析者对专家估计给出信任指数。

---

[1] 郭仲伟：《风险分析与决策》，机械工业出版社 1986 年版。

专家或风险分析者给出信心指数或信任指数时，可以采用几何级数（见表 7.1）或十分制（见表 7.2）来确定。

表 7.1 专家权重几何级数法

对意见的信心 （信任）	不太有信心 （不太信任）	有信心 （信任）	很有信心 （很信任）	非常有信心 （非常信任）
信心指数 （信任指数）	2	4	8	16

表 7.2 专家权重十分制法

对意见的信心 （信任）	没有信心 （不信任）	……	确信 （完全信任）
信心指数 （信任指数）	0	……	10

这样得到每个专家的权重

$$w_i = \frac{\text{第 } i \text{ 个专家的信心（信任）指数}}{\text{所有专家的信心（信任）指数之和}}$$

（2）对数整合模型（logarithmic opinion pool）。

$$p(\theta) = k \prod_{i-1}^{n} p_i(\theta)^{w_i}$$

对数整合模型也称加权几何平均模型，这里 k 是标准化系数，w_i 表示第 i 个专家的权重，k 和 w_i 要保证 $p(\theta)$ 是一个概率分布。其他参数的含义与上面的线性整合模型中的相同。显然，如果每个专家权重都等于 $1/n$，则整合分布就与各专家分布的几何平均成比例。操作风险的特殊性使得很少有专家对企业各个环节的操作风险都熟悉，因此在操作风险主观数据的获得过程中最好根据各位专家对每部分操作风险的熟悉程度来确定权重。

7.2.2.4　步骤四：得到研究对象的分布函数

将整合专家意见得出的估计值代入步骤一中选取的分布函数中得到研究对象的分布函数。

总结起来，操作风险影响图的计算分为三个步骤：首先，通过操作风险影像图的概率分析来计算每条路径的操作风险损失强度分布，由于拓扑数据模型记录的数据以及影响图度量方法的相关原则可以保证各条路径之间相互独立，因此可以使用蒙特卡洛模拟等方法将各条路径损失分布相加，得到企业操作风险的操作风险损失强度分布。其次，通过对诱发原因触发记录的统计得到操作风险损失频率影响图。最后，将两个分布整合得到企业操作风险总损失分布。这一方法需要得到每个诱发原因的初始损失分布，初始分布可以使用客观概率也可以使用主观概率来获得。

第 8 章

操作风险影响图度量局部算例

为了演示本书第 6 章、第 7 章提出的基于拓扑数据模型的影响图度量方法，本章将以国内一家大型保险公司（A 公司）为研究对象，对其操作风险进行度量。

为了更清晰演示该操作风险度量方法，这里仅选取保险业务领域最常见的操作风险来进行算法的演示，这部分也是保险公司核心业务。该部分操作风险损失强度影响，如图 8.1 所示。

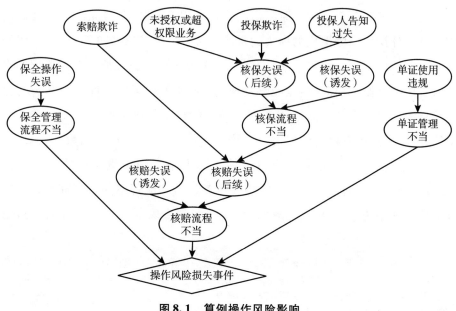

图 8.1　算例操作风险影响

8.1　数据的取得

鉴于前文所论述的原因客观数据暂时难以获得，本章以问卷调查的形式搜集 A 公司操作风险度量所需的主观数据。

8.1.1　调查问卷的设计

调查问卷的主要目的是获得操作风险影响图度量方法所需的主观数据。操作风险影响图所需要的数据根据结点的不同分为两类。第一类是操作风险诱发原因结点，该类结点数据包括诱发原因初始分布和诱发原因的触发频率。第二类是后续控制/流程类结点，该类结点数据包括该结点有效率，能够发现前续结点操作风险事件的比率，以及对前续结点造成损失的影响乘数。

根据第 7.2.2 节，诱发原因初始分布采用 BetaPERT 分布形式，因此需要专家估计诱发原因造成的损失的最小值 a、最可能值 b 和最大值 c。假设诱发原因的触发频率服从泊松分布[①]，需要专家估计诱发原因触发概率的平均值。后续控制/流程类结点能够发现前续结点操作风险事件的比率 q_{ij} 与自身结点和前续结点的风险原因类型有关。影响乘数服从两点分布，需要专家估计控制/流程有效时的损失缩小倍数 n_{ij0} 和失效时的放大倍数 n_{ij1}，以及有效率 p_i。为了方便专家给出概率估计问卷中采用了概率描述尺（见第 7.2.2 节）。考虑到各位专家所熟悉的业务领域和流程不同，不宜对专家的全部估计值采用同一个信任指数，而是请各位专家对每一个估计值都给出

---

① 大型保险公司保险业务量非常大，因此相同业务操作数量可以认为符合泊松分布假设要求。而且当认为一个操作损失过程中的实践是相互独立时，我们可以使用泊松分布（注：一个操作损失过程中各事件间的相关性会产生明显厚尾的频率分布。一个例子是负二项分布）。在今后积累了客观数据后还可以使用贝叶斯检验的方式对这一假设进行修正。

信心指数。专家对熟悉的领域显然会给出更高的信心指数，为了强调这种区别，信心指数采用几何级数法。

本章根据以上要求设计了调查问卷（参见本书附录）。在研究对象内，邀请各相关部门有 3 年以上在该公司工作经验的专家，根据实际情况对该公司保险业务相关操作风险进行估计，完成调查问卷。

另外，为了了解实务界专家对这种新的数据需求的理解和接受程度，以及对所需数据进行估计的难度，在调查问卷结尾处请各位专家提出了建议和意见，另外与个别专家进行了直接交流。

专家普遍表示对数据需求可以理解和接受，对于有效率等相对指标给出较高的信心指数，对诱发原因的损失分布等绝对值的估计值给出较低的信心指数。各位专家对自己所从事的业务领域的相关估计值普遍给出较高的信心指数。影响乘数是本书第 5 章提出的一个新概念，在调查问卷中采用了文字描述来代替影响乘数的概念，对于影响乘数的描述所有专家都能够理解，但个别专家需要通过解释后才能够接受。但由于缺少相关数据和以往对这种影响的关注，影响乘数估计值的信心指数较低。估计值的信心指数平均值为 3.8，接近于 4 "有信心"，说明一旦经过一定客观数据的积累和对相关指标的关注，通过专家估计的主观数据对企业操作风险进行度量会有比较好的可信度。

8.1.2 结点主观数据

为了避免泄露企业信息，算例中将企业规模假定为每年平均收到投保人投保要求 100000 份，平均承保 90000 份，平均出险索赔 10000 份。对算例操作风险影响图中每个结点进行编号，将经过整理的调查问卷数据标在结点上，得到图 8.2。

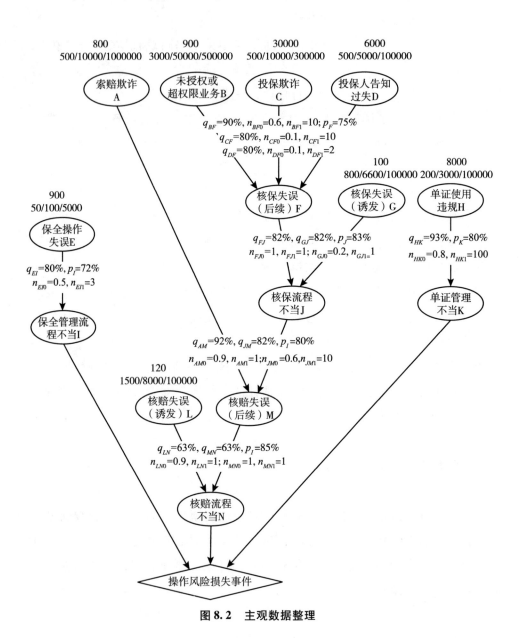

图 8.2 主观数据整理

8.2 操作风险影响图计算

8.2.1 损失强度分布计算

在算例操作风险影响图中，边缘结点共有 8 个：A、B、C、D、E、G、H、L。这些诱发原因的初始损失分布采用 BetaPERT 分布形式，根据图 8.2 中数据可计算得到它们的 Beta 分布参数（见表 8.1）。

表 8.1   边缘结点初始损失 Beta 分布参数

类别	边缘结点							
	A	B	C	D	E	G	H	L
α_1	1.0201	1.1368	1.1269	1.1809	1.0404	1.2339	1.1122	1.2640
α_2	4.9799	4.8632	4.8731	4.8191	4.9596	4.7661	4.8878	4.7360

在算例操作风险影响图中从边缘结点到最终结点的路径共有 8 条：EI、LN、AMN、BFJMN、CFJMN、DFJMN、GJMN、HK。下面分别计算他们的损失强分布的度密度函数。本章采用 Matlab 软件来辅助计算。

对于每一条路径，首先产生 1000 个符合边缘结点损失强度分布的随机数，将每个随机数作为一次操作风险事件被诱发后的初始损失，计算经过各个后续结点影响后的最终损失。根据第 7 章的假设和推导，如果诱发原因 i 的初始损失为 x，则只有一个后续结点 j 的路径的最终损失为 $l = [xn_{ij0}p_j + xn_{ij1}(1 - p_j)]q_{ij} + x(1 - q_{ij})$。如果后续结点多于一个则从第二个后续结点开始依次计算，将每个后续结点之前产生的损失作为该结点之前的初始损失，代入上式计算。这样可以得到 1000 个最终损失数据，将这些数据作为样本，采用 Beta 分布来拟合，并进行 Kolmogorov-Smirnov 检验，得到该路径的最终损失分布的密度函数如下（见表8.2~表8.9、图8.3~图8.10）。

表8.2　　　　　　　　　　路径 EI 最终损失的 Beta 分布参数

项目	α_1	α_2	α（显著性水平）	P（K-S 检验伴随概率）
数值	1.0333	3.8463	0.05	0.6825

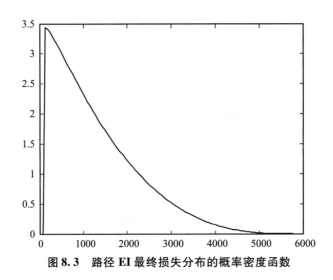

图8.3　路径 EI 最终损失分布的概率密度函数

表8.3　　　　　　　　　　路径 LN 最终损失的 Beta 分布参数

项目	α_1	α_2	α（显著性水平）	P（K-S 检验伴随概率）
数值	1.1216	3.0336	0.05	0.6593

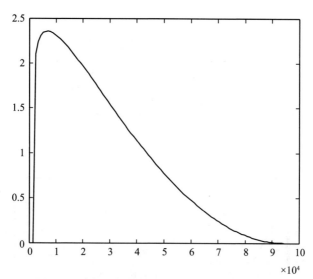

图 8.4　路径 LN 最终损失分布的概率密度函数

表 8.4　　　　　　　　　　路径 HK 最终损失的 Beta 分布参数

项目	α_1	α_2	α（显著性水平）	P（K-S 检验伴随概率）
数值	1.0488	3.4467	0.05	0.5941

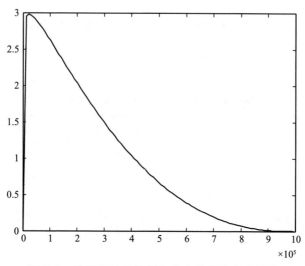

图 8.5　路径 HK 最终损失分布的概率密度函数

表 8.5   **路径 AMN 最终损失的 Beta 分布参数**

项目	α_1	α_2	α（显著性水平）	P（K-S 检验伴随概率）
数值	1.0180	3.7956	0.05	0.6682

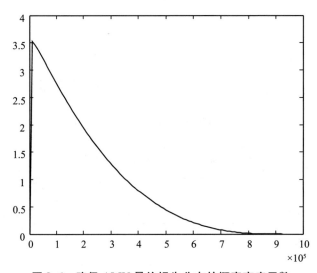

图 8.6   **路径 AMN 最终损失分布的概率密度函数**

表 8.6   **路径 GJMN 最终损失的 Beta 分布参数**

项目	α_1	α_2	α（显著性水平）	P（K-S 检验伴随概率）
数值	1.1902	3.7973	0.05	0.9738

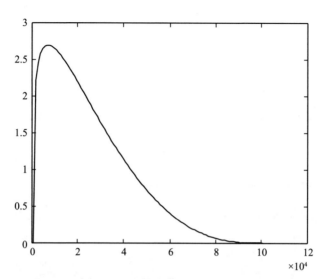

图 8.7 路径 GJMN 最终损失分布的概率密度函数

表 8.7 路径 BFJMN 最终损失的 Beta 分布参数

项目	α_1	α_2	α（显著性水平）	P（K-S 检验伴随概率）
数值	1.1069	3.8774	0.05	0.7315

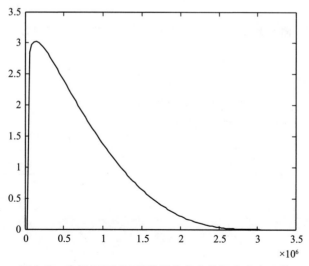

图 8.8 路径 BFJMN 最终损失分布的概率密度函数

表 8.8　　　　　　　　路径 CFJMN 最终损失的 Beta 分布参数

项目	α_1	α_2	α（显著性水平）	P（K-S 检验伴随概率）
数值	1.0929	3.9665	0.05	0.6209

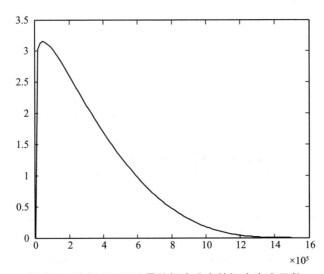

图 8.9　路径 CFJMN 最终损失分布的概率密度函数

表 8.9　　　　　　　　路径 DFJMN 最终损失的 Beta 分布参数

项目	α_1	α_2	α（显著性水平）	P（K-S 检验伴随概率）
数值	1.2161	3.9477	0.05	0.4437

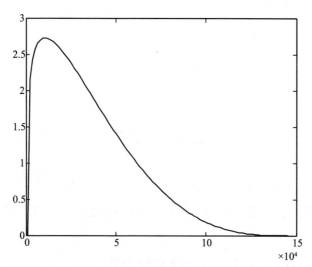

图 8.10 路径 DFJMN 最终损失分布的概率密度函数

8.2.2 操作风险总损失分布的蒙特卡洛模拟

由于前面已假设各个诱发原因结点每年触发操作风险事件次数服从泊松分布,根据调查问卷获得的均值的主观估计,可以得到各边缘结点的损失频率分布。在第 8.1.1 节中已经得到 8 条路径的最终损失分布。下面应用蒙特卡洛模拟方法来计算算例操作风险影响图的总损失分布。

首先对每一条路径产生一个符合其诱发原因触发频率分布的随机数 n,将其作为该路径所描述的操作风险事件在一年内的触发次数。再按照该路径的最终损失强度分布函数产生 n 个随机数并求和,用来模拟该路径一年内产生的总损失的一个样本。根据前文假设和分析可知,各条路径所代表的损失事件相互独立,所以将 8 条路径分别得到的总损失相加,作为算例操作风险影响图年度总损失的一个虚拟样本。同样重复 10000 次,可以得到 10000 个总损失样本,对这些样本进行拟合并检验(见表 8.10)。

表 8.10 使用不同分布拟合模拟结果效果比较

分布形式	参数1	参数2	α	P	K-S 检验结果
β 分布	6.7897	7.7395	0.05	0.0330	H0 = 1
Weibull 分布	3.1517×10^9	0.0000×10^9	0.05	3.5571×10^{-19}	H0 = 1
Γ 分布	0.2553×10^5	1.2309×10^5	0.05	0.5818	H0 = 0

由表 8.10 可以看出总损失更接近于 Γ 分布。增加模拟次数，以 Γ 分布拟合模拟样本，并进行 Kolmogorov-Smirnov 检验（见表 8.11）。

表 8.11 蒙特卡洛模拟结果

模拟次数	参数1	参数2	α	P	K-S 检验结果
3000	0.2656×10^5	1.1829×10^5	0.05	0.6446	H0 = 0
5000	0.2678×10^5	1.1732×10^5	0.05	0.7445	H0 = 0
7000	0.2516×10^5	1.2492×10^5	0.05	0.8681	H0 = 0
8000	0.2618×10^5	1.2003×10^5	0.05	0.7717	H0 = 0
10000	0.2553×10^5	1.2309×10^5	0.05	0.5818	H0 = 0
20000	0.2551×10^5	1.2321×10^5	0.05	0.7318	H0 = 0
30000	0.2552×10^5	1.2315×10^5	0.05	0.9161	H0 = 0
40000	0.2556×10^5	1.2327×10^5	0.05	0.9095	H0 = 0

从蒙特卡洛模拟中得到的统计量会有某些正常的变动。因为蒙特卡洛模拟涉及独立抽样，因此统计量的标准差与模拟次数的平方根反向相关。在表 8.11 中，当模拟次数超过 20000 次后模拟结果基本稳定。因此采用 40000 次模拟结果作为算例影响图操作风险最终损失分布。

8.3 计算结果分析

根据计算，算例影响图所描述的操作风险一年内的总损失在显著性水平 $\alpha = 0.05$ 下服从参数为 0.2556×10^5 和 1.2327×10^5 的 Γ 分布（见图 8.11）。

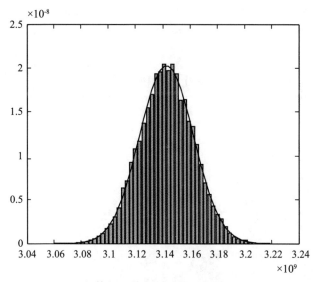

图 8.11 算例影响图操作风险概率密度函数

总损失的均值为 3.1428×10^9，标准差为 1.9678×10^7，变异系数为 0.0063，99% 分位数为 3.1887×10^9，99.9% 分位数为 3.2039×10^9，偏斜度为 0.0016。

偏斜度为正表示该分布向左偏斜，说明其具有一定的厚尾特征。偏斜度很小，变异系数也很小，表示这部分操作风险造成的非预期损失与预期损失相比相对较小。因此企业在适应日常运作成本来覆盖操作风险损失的均值（即预期损失）的情况下，为覆盖非预期损失而配置的经济资本需求量相对较小。需要说明的是，表面看上去这一特征与人们一般对操作风险的印象有一定差距，这是因为算例操作风险影响图选取的是保险公司核心业务运作过程（即核保核赔、保全管理、单证使用）中的风险。这部分风险事件在保险公司全部操作风险事件种类中属于高频率、低损失事件，虽然它们各自都表现出明显的后尾特征，但较高的发生频率使它们的和表现出小偏斜度和小变异系数的特征。

第 9 章

保险公司信息系统操作风险量化管理

近年来，随着信息技术尤其是保险科技的迅猛发展，我国保险公司信息化建设呈现加速态势。目前保险公司已基本完成了数据集中化、管理数字化和流程电子化，实现了信息技术与经营管理的实质融合，并正在向更深入的方向发展。保险公司对信息系统与信息技术的广泛应用无疑提升了其业务运营效率和服务质量，然而同时也给保险公司的操作风险管理带来了更大的挑战。系统故障或缺陷、信息安全等信息系统操作风险的影响变得更加巨大，给保险公司带来了更大的潜在威胁，必须给予关注。因此，本章将专门围绕保险公司信息系统操作风险量化管理开展研究。

与其他领域的操作风险相比，保险公司信息系统操作风险有以下几个特点：第一，复杂性。由于当前信息系统在保险业的应用场景增多，外包服务增多，且应用之间大多存在相互联系，导致保险公司信息系统操作风险具有前所未有的复杂性，不仅存在单个操作风险点导致的风险事故，也存在多个操作风险点的相互影响最终导致的风险事故，风险成因复杂。第二，历史数据不足。由于信息技术不断发展和进步，系统和程序频繁迭代和升级，用历史数据测度当前信息系统操作风险显然具有非常大的局限性，可用历史数据不足。第三，动态性。保险公司信息系统的建设、更新和维护需要与信息系统操作风险的动态管理相结合，以便及时控制存在的风险点，同时根据风险点风险的大小客观评价修复更新的顺序。

当部分类型的操作风险历史损失数据匮乏时，或者由于风险相关领域革新过快导致历史损失数据不具备有效的预测能力时，损失分布法和极值法可靠性则大幅降低（Opdyke，2014）。显然信息系统操作风险正是属于这一类型。前文构造的基于拓扑数据模型的影响图方法关注控制不足和流程漏洞，并且更适用于保险公司操作风险整体评估。因此，为了更加科学有效地管理特定类型操作风险，有必要针对保险公司信息系统操作风险的特点研究其评估与量化管理方法。

对于历史损失数据不充足、成因复杂的操作风险，需要借助主观数据进行度量时可以采用贝叶斯网络法。采用贝叶斯方法既可以弥补风险管理中数据缺乏的不足，又可以将专家判断等定性信息转化为定量数据（Neil et al.，2005）。另外，贝叶斯网络具有很好的推理能力，可以为风险管理提供更多有效信息。由于信息系统操作风险的特点，在利用专家知识获取信息进行人工构建贝叶斯网络模型时，为获取条件概率表数据，专家需要对所有风险点的状态的条件概率进行主观判断。然而随着风险点数量及风险点状态数量的增加，条件概率表的复杂程度将呈指数上升，获取条件概率的效率将会急速降低，同时专家对于条件概率判断的精准度也将降低（Cowell，2007）。由于保险公司信息系统操作风险的复杂性，如何提高获取条件概率的效率以及获取到的条件概率的精度是人工构建贝叶斯网络进行保险公司信息系统操作风险度量和管理的关键。

纳德卡尼（Nadkarni，2001）首先提出结合认知图和贝叶斯网络的思想。纳德卡尼（Nadkarni，2004）提出了使用认知图构建贝叶斯网络模型的系统方法，但对于模型参数的转换没有进行更多研究。谢（Cheah，2007）第一次把模糊认知图和贝叶斯网络结合起来，把每个变量的所有父变量对其影响之和作为先验概率，把模糊认知图中的因果关系强度转换为贝叶斯网络中的条件概率，但这种方法无法适用于变量状态大于两个的模型。阿扎德（Azadeh，2018）提出了一种结合模糊认知图与贝叶斯网络的模型，使用 Noisy-OR 算法和 EM 算法两种方法提取了贝叶斯网络所需的条件概率，但是没有考虑到贝叶斯网络和模糊认知图的本质区别。事实上，虽然模糊认知图和贝叶斯网络在很多领域上都有着相似的适用性，但是在理论基础上存在着本质的区别。贝叶斯网络基于概率理论，而模糊认知图理论基于可能性理论。卫（Wee，2015）先从数据中提取贝叶斯网络的结构和参数，然后计算皮尔逊相关系数表示变量之间的因果关系，最后再把相关系数转换为可能性，从而完成从贝叶斯网络模型到模糊认知图模型的转换。

本章在现有研究的基础上，提出了基于模糊认知图和贝叶斯网络的保险公司信息系统操作风险评估方法，并以国内某家保险公司为例对该模型进行了应用，通过研究结果对我国保险公司信息系统操作风险管理提出了相关建议。

9.1 保险公司信息系统操作风险模型构建

针对保险公司信息系统操作风险的三大特点，本章建立了一个基于模糊认知图（fuzzy cognitive map，FCM）和贝叶斯网络（bayesian belief network，BBN）的保险公司信息系统操作风险研究模型。该模型用于研究保险公司信息系统操作风险的主要优势是：第一，模型可以借助拓扑结构充分反映信息系统操作风险的复杂性；第二，FCM 支持专家先验知识及因果关系的表示与推理，极大地简化了复杂多态领域中 BBN 模型在数据不足的情况下获取条件概率表的难度，有效提高条件概率表的人工获取效率和准确性，使模型在数据匮乏的复杂领域研究中适用性更强，从而解决信息系统操作风险历史数据不足的问题；第三，模型支持对操作风险的动态评价与监控，有利于操作风险管理过程中技术选择的一致性和连续性，符合风险变化的动态特征；第四，模型可以支持定量化的因果关系分析及操作风险评估，可以帮助企业在有限资源约束下采取最优管理策略，有助于保险公司开展操作风险量化管理；第五，模型拓扑结构的建立针对新偿付能力监管要求及保险公司信息系统操作风险的特点，对我国保险公司信息系统操作风险管理有较强的适用性。

9.1.1　原始模糊认知图模型拓扑结构的建立

1948 年托尔曼（Tloman）首先提出认知图的概念并将其运用到心理学研究中。科斯克（Kosko，1986）结合模糊数学理论，提出了模糊认知图的概念。模糊认知图模型结构是由节点及连接节点的有向弧构成的模糊有向图。节点表示变量，有向弧由父变量指向子变量，表示变量之间的因果关系。节点和弧的权值都可以表示为模糊数，并通过节点间的关系来模拟模糊推理过程，由模型中各节点的相互作用来模拟系统的动态行为。

FCM 可以由四元组表示：$F = <C，V，E，W>$，其中 C 表示 FCM 中所有节点表示的变量集合，V 表示所有变量在某一时刻的状态，E 表示变量之间有向弧的集合，W 表示 FCM 的所有变量间因果影响程度的权值。假设有一个包含 n 个节点的 FCM，每个节点 C_i 表示系统中的一个变量。每个变量具有一定的状态，状态值 $V_i(t)$ 为模糊值，用以表示变量状态存在的程度。所有变量在 t 时刻状态的值通过状态向量可表示为

$$\emptyset_U(t) = [V_1(t)，V_2(t)，\cdots，V_n(t)] \tag{9.1}$$

变量之间的因果关系用有向弧表示，因果影响的程度用权值 w_{ij} 表示。当

$w_{ij} > 0$，则表示 C_i 与 C_j 之间存在正因果关系，C_i 的增加将导致 C_j 的增加；

$w_{ij} = 0$，则表示 C_i 与 C_j 之间不存在因果关系；

$w_{ij} < 0$，则表示 C_i 与 C_j 之间存在负因果关系，C_i 的增加将导致 C_j 的减少。

因果影响程度可用 [0，1] 之间的模糊数表示，也可用自然语言描述。FCM 的所有变量间因果影响程度的权值 w_{ij} 可以用矩阵 $W = (w_{ij})_{n \times n}$ 表示：

$$W = \begin{bmatrix} w_{11} & \cdots & w_{1n} \\ \vdots & & \vdots \\ w_{n1} & \cdots & w_{nn} \end{bmatrix} \tag{9.2}$$

FCM 系统在 $t+1$ 时刻的状态值 $\emptyset_U(t+1)$ 可以通过系统在 t 时刻的状

态值与邻接矩阵相乘得到。具体演化方程为

$$\emptyset_U(t+1) = f(\emptyset_U(t)W) \tag{9.3}$$

其中，f 是变换函数，其作用是将输入变换到 $[0, 1]$，选择不同的变换函数可得到不同的输出。

从 FCM 模型中可以看出，模型中各个节点通过有向弧接收上一节点传递过来的因果影响的同时把自己的输出通过有向弧传递给下一节点。节点变量的状态和变量间因果关系的相互作用，产生系统对真实世界的模拟。

《保险公司偿付能力监管规则Ⅱ》（简称"规则Ⅱ"）要求保险公司评估公司信息系统存在的问题和风险，包括系统设计缺陷、软件/硬件故障或缺陷、信息安全和数据质量等方面的风险，但未对风险诱因进行梳理。为了确定保险公司信息系统操作风险原始 FCM 模型的网络节点，本章综合考虑了系统节点的科学性、代表性及可行性，针对偿付能力规则Ⅱ关注的四类信息系统操作风险类型，根据我国保险公司信息系统操作风险特点、已有研究和保险公司调研结果，识别出四类信息系统操作风险的风险诱因 13 个，作为原始 FCM 模型拓扑结构的节点（见表9.1）。

表 9.1　　　　　　　　　保险公司信息系统操作风险诱因

风险类型	风险诱因
系统设计缺陷	信息系统复杂度 系统设计缺陷
软件/硬件故障或缺陷	未及时为操作系统和应用软件安装安全补丁 自然灾害 网络故障 信息系统故障
信息安全	非诚实员工的未授权处理 诚实员工的非故意操作 数据泄露 客户操作环境 计算机犯罪 外包质量
数据质量	数据丢失或损坏

为了建立保险公司信息系统操作风险原始 FCM 模型的拓扑结构，本章针对两两风险点之间是否存在因果关系，对国内大型保险公司信息系统领域相关专家进行了问卷调查。根据回收的问卷调查结果建立了保险公司信息系统操作风险原始 FCM 结构（见图 9.1）。

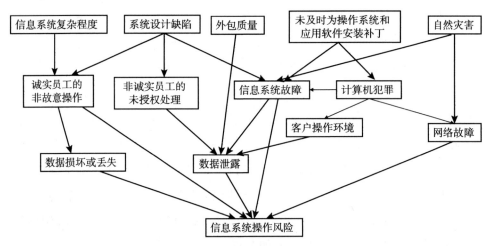

图 9.1　保险公司信息系统操作风险原始 FCM 模型结构

9.1.2　模糊认知图模型的结构性修正

1988 年珀尔（Pearl）首先提出了贝叶斯网络（BBN）的概念。BBN 是一种用于表示一系列变量之间不确定性因果关系的有向无环图形网络模型，由节点、有向弧和节点概率表构成。节点代表变量，有向弧由父变量指向子变量，代表变量之间的依赖关系，节点概率表中的条件概率表示父变量与子变量之间的因果关系强度。根据纳德卡尼（Nadkarni，2004）提出的转化方法，本章采用逻辑推理及专家意见从以下四方面对原始 FCM 模型进行了检查和修正，以确保修正后的模型适用于 BBN 网络：

（1）条件独立性。本章通过专家知识识别了任意两个风险点之间的相关性，基于此构建的 FCM 模型能够满足 BBN 模型对于没有有向弧连接节点具有条件独立性的要求。

（2）推理方式。推理因果关系有两种方式：正向推理（从原因到结果的推理）和逆向推理（从结果到原因的推理）。然而，通过概率推理机制进行的逆向推理所表示的并不是真正的因果关系，不应在 BBN 模型中存在。因此，需要对于每个有向弧进行检查，删去逆向推理表示的伪因果关系。

（3）直接与间接关系。FCM 模型中有向弧连接的两个节点既可能存在直接因果关系，又可能存在间接因果关系。但是在 BBN 模型中，只有存在直接因果关系的两个节点才能连接。因为删去不必要的间接因果关系可以大大降低 BBN 模型的复杂性。所以，本章对所有有向弧进行了检查，删去表示间接因果关系的有向弧。

（4）反馈环。FCM 模型允许反馈环的存在，但是 BBN 模型不允许结构中存在反馈环。反馈环的存在能够表示动态的因果关系，但是会破坏 BBN 模型有向无环的性质。经检查，初始 FCM 模型不存在反馈环。

然后，结合以上四点将原始 FCM 结构进行了修正，修正后的 BBN 结构可以满足 BBN 模型所需的限制条件。图 9.2 为修正后的 BBN 结构。

如果保险公司信息系统复杂程度过高，则容易导致公司员工难以理解某些系统的处理流程和方法，进而导致公司诚实员工出现非故意的操作失误。

非故意操作失误的增加会使公司数据出现丢失、损坏甚至泄露的情况。导致数据产生泄露的原因还有很多，如外包质量较差、客户操作环境不安全以及非诚实员工的未授权处理。系统设计如果有缺陷，那么会使诚实员工的非故意操作、非诚实员工的未授权处理的概率增加。如果系统设计缺陷严重，更会引发信息系统出现故障。此外，自然灾害如火灾、硬件进水等容易导致公司硬件受损，进而引发信息系统故障和网络故障。未及时为操作系统和应用软件安装安全补丁会使软件漏洞无法及时更新，容易引起

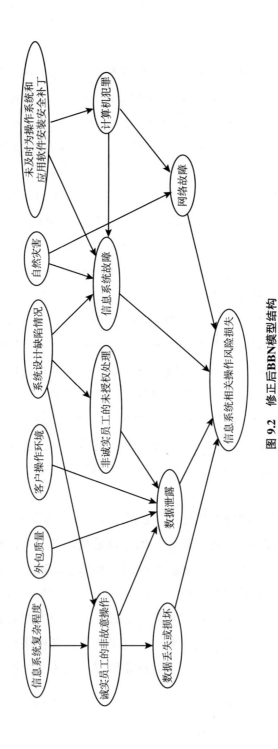

图 9.2　修正后BBN模型结构

信息系统故障以及计算机犯罪。计算机犯罪的概率上升则会提高信息系统和网络出现的故障概率。最后，该 BBN 模型中，数据丢失或损坏、数据泄露、信息系统故障以及网络故障共同构成了引起信息系统相关操作风险损失的四大风险因素。

9.1.3　模糊认知图模型数据的获取

模糊认知图模型所需数据包括风险点之间的因果影响程度以及所有根节点的状态值。根据信息系统操作风险的特点，可以请专家使用自然语言描述根节点的状态以及存在连接弧的风险点之间的因果影响程度。并采用模糊数来对专家给出的自然语言描述进行定量化分析。常用的模糊数有三角模糊数和梯形模糊数。三角形模糊数在描述变量不确定性大小时，最可能值是一个单值。梯形模糊数的最可能值是一个区间，更适合自然语言描述的定量化分析。因此，本章将描述影响程度的自然语言映射为如下梯形模糊数，分别得到七级影响程度自然语言模糊数对照表（见表 9.2）和 3 级状态自然语言模糊数对照表（见表 9.3）[①]。

表 9.2　　　　　　　　　影响程度自然语言模糊数对照

语言变量	对应的模糊数
很弱正影响	(0, 0, 1/7, 2/7)
弱正影响	(0, 1/7, 2/7, 3/7)
较弱正影响	(1/7, 2/7, 3/7, 4/7)
中等正影响	(2/7, 3/7, 4/7, 5/7)
较强正影响	(3/7, 4/7, 5/7, 6/7)
强正影响	(4/7, 5/7, 6/7, 1)
很强正影响	(5/7, 6/7, 1, 1)

---

① 在获取专家主观数据时也可采用其他不同等级的自然语言描述，对应的模糊数可采用类似方法得到。

表9.3　　　　　　　　　状态自然语言模糊数对照

语言变量	对应的模糊数
轻微	(0, 0.2, 0.4, 0.6)
中等	(0.2, 0.4, 0.6, 0.8)
严重	(0.4, 0.6, 0.8, 1.0)

对于论域 U 中的任一元素 x，都有一个数 $A(x) \in [0, 1]$ 与之对应。称 $A(x)$ 为 x 隶属于 A 的程度，简称为隶属度。$A(x)$ 被称为隶属函数。表9.2 和表9.3 对应的隶属函数如图9.3 所示。

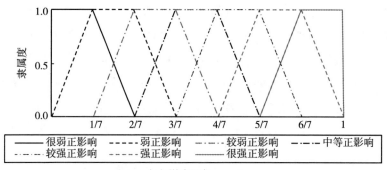

（a）影响程度

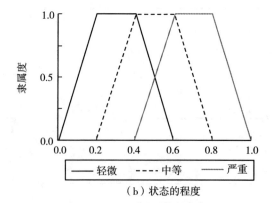

（b）状态的程度

图9.3　自然语言变量隶属函数

9.1.4 贝叶斯网络条件概率的计算

在获取 FCM 模型节点间影响程度以及所有根节点状态模糊数及隶属函数后，需要对原始数据进行处理，提取出 BBN 所需的条件概率表。

9.1.4.1 求解子变量 y 只有一个父变量 x 时的条件概率分布 $P(y = \tilde{v}_j \mid x = \tilde{u}_i)$

设 x 在论域 U 中的可能性分布为 $\pi_x(u)$。当 x 取值为 u 时 y 取值为 v 的条件可能性分布由 $\pi_{(y \mid x)}(v \mid u)$ 表示。则在 FCM 模型中，子变量 y 在其中一个父变量 x 的状态为 $\tilde{u}_i$ 时的条件可能性分布为 $\pi(y \mid x = \tilde{u}_i)$，则 $\pi(y \mid x = \tilde{u}_i) = \widetilde{W} \times \tilde{u}_i$，其中 $\widetilde{W}$ 为父变量 x 对子变量 y 的影响。

设 $\widetilde{W} = (a, m_1, m_2, b)$ 表示因果影响强度，$\tilde{u}_i = (a', n_1, n_2, b')$ 表示 x 的状态。梯形模糊数 $\widetilde{W}$ 和 $\tilde{u}_i$ 的乘法运算后得到的新的模糊数近似于梯形模糊数 $(aa', m_1 n_1, m_2 n_2, bb')$（Buckley，2002）。即

$$(a, m_1, m_2, b) \times (a', n_1, n_2, b') \approx (aa', m_1 n_1, m_2 n_2, bb')$$

$$(9.4)$$

为了简化计算，本章以近似梯形模糊数表示两梯形模糊数的积，则 $\pi(y \mid x = \tilde{u}_i)$ 可以用式（9.5）表示：

$$\pi(y \mid x = \tilde{u}_i) = \widetilde{W} \times \tilde{u}_i = \begin{cases} \dfrac{y - aa'}{m_1 n_1 - aa'}, & aa' \leqslant y \leqslant m_1 n_1 \\[2mm] 1, & m_1 n_1 < y \leqslant m_2 n_2 \\[2mm] \dfrac{y - bb'}{m_2 n_2 - bb'}, & m_2 n_2 < y \leqslant bb' \\[2mm] 0, & y < aa' \text{ or } y > bb' \end{cases} \quad (9.5)$$

为了将 $\pi(y \mid x = \tilde{u}_i)$ 转化为条件概率分布，本章运用杜波依斯（Dubois）在 1993 年提出的转化法则进行处理。在连续的条件下，假设 $X = [a, b] \in R$，π 是一个上半连续的、单峰的、支集有限的模糊数的隶属函数，那么

$p(x)$ 可以由式（9.6）得出：

$$\forall x \in [a,b],\ p(x) = \int_0^{\pi(x)} 1/|A_\alpha|\,d\alpha \qquad (9.6)$$

其中，得到的 p 是概率密度，$|A_\alpha|$ 是 π 的 α 水平截集的宽度，如果 $A_\alpha = [m_\alpha, M_\alpha]$，那么 $|A_\alpha| = M_\alpha - m_\alpha$。将公式代入，可以得到相应的 M_α、m_α 和 $|A_\alpha|$，如下：

$$M_\alpha = bb' - (bb' - m_2 n_2)\alpha \qquad (9.7)$$

$$m_\alpha = aa' + (m_1 n_1 - aa')\alpha \qquad (9.8)$$

$$|A_\alpha| = (bb' - aa')(1 - \alpha) + (m_2 n_2 - m_1 n_1)\alpha \qquad (9.9)$$

然后，从 $\pi(y\,|\,x = \tilde{u}_i)$ 到 $P(y\,|\,x = \tilde{u}_i)$ 的转化公式可以表示为

$$P(y\,|\,x = \tilde{u}_i) = \int_0^{\pi(y\,|\,x=\tilde{u}_i)} 1/[(bb' - aa')(1 - \alpha) + (m_2 n_2 - m_1 n_1)\alpha]\,d\alpha$$

$$(9.10)$$

由于 $\pi(y\,|\,x = \tilde{u}_i)$ 是阶梯函数，所以在计算 $P(y\,|\,x = \tilde{u}_i)$ 时也要分段计算，得到 $P(y\,|\,x = \tilde{u}_i)$ 如式（9.11）所示：

$$P(y\,|\,x=\tilde{u}_i) = \begin{cases} \dfrac{1}{m_2 n_2 - m_1 n_1 - bb' + aa'}\ln\left|\dfrac{m_1 n_1 bb' - m_2 n_2 aa' + (m_2 n_2 - m_1 n_1 - bb' + aa')y}{(m_1 n_1 - aa')(bb' - aa')}\right|, & aa' \leq y \leq m_1 n_1 \\[3ex] \dfrac{1}{m_2 n_2 - m_1 n_1 - bb' + aa'}\ln\left|\dfrac{m_2 n_2 - m_1 n_1}{bb' - aa'}\right|, & m_1 n_1 < y \leq m_2 n_2 \\[3ex] \dfrac{1}{m_2 n_2 - m_1 n_1 - bb' + aa'}\ln\left|\dfrac{m_1 n_1 bb' - m_2 n_2 aa' + (m_2 n_2 - m_1 n_1 - bb' + aa')y}{(m_2 n_2 - bb')(bb' - aa')}\right|, & m_2 n_2 < y \leq bb' \\[3ex] 0, & y < aa'\ or\ y > bb' \end{cases}$$

$$(9.11)$$

假设用 $\tilde{v}_j = (c, z_1, z_2, d)$ 表示 y 的状态，则 y 的状态为 $\tilde{v}_j$ 时对应的可能性区间为 $[c, d]$。通过对概率分布 $P(y\,|\,x = \tilde{u}_i)$ 的 $[c, d]$ 区间积分得到条件概率 $P(y = \tilde{v}_j\,|\,x = \tilde{u}_i)$。那么 $P(y = \tilde{v}_j\,|\,x = \tilde{u}_i)$ 可由式（9.12）

计算得出：

$$P(y = \tilde{v}_j \mid x = \tilde{u}_i) = \int_c^d P(y \mid x = \tilde{u}_i) \qquad (9.12)$$

9.1.4.2 求解子变量 y 有多个父变量时的条件概率分布

如果 BBN 模型中的子变量有不止一个父变量，则需要计算有多个父变量的子变量的条件概率 $P(A \mid B, C, D, \cdots)$。金姆（Kim，1983）提出，当变量 A 有两个父变量 B 和 C 时，它在给定 B 和 C 的状态下的条件概率 $P(A \mid B, C)$ 可以近似为

$$P(A \mid B, C) = \alpha P(A \mid B) P(A \mid C)$$

其中，α 是归一因子，α 要保证变量 A 在给定 B 和 C 的状态下的所有条件概率之和为 1，即 $\sum_{i=1}^n P(A = a_i \mid B, C) = 1$。

假设子变量 y 有 m 种状态和 n 个父变量 x，则给定父变量 $x_1 = \tilde{u}_{1i}$，$x_2 = \tilde{u}_{2i}$，$\cdots$，$x_n = \tilde{u}_{ni}$ 时，y 的条件概率为：

$$P(y = \tilde{v}_j \mid x_1 = \tilde{u}_{1i}, x_2 = \tilde{u}_{2i}, \cdots, x_n = \tilde{u}_{ni})$$
$$= \alpha P(y = \tilde{v}_j \mid x_1 = \tilde{u}_{1i}) P(y = \tilde{v}_j \mid x_2 = \tilde{u}_{2i}) \cdots P(y = \tilde{v}_j \mid x_n = \tilde{u}_{ni}) \qquad (9.13)$$

设 $\alpha = 1/k$，k 由式（9.14）得到：

$$k = \sum_{j=1}^m P(y = \tilde{v}_j \mid x_1 = \tilde{u}_{1i}) P(y = \tilde{v}_j \mid x_2 = \tilde{u}_{2i}) \cdots P(y = \tilde{v}_j \mid x_n = \tilde{u}_{ni})$$

$$(9.14)$$

则 y 的条件概率可以表示为：

$$P(y = \tilde{v}_1 \mid x_1 = \tilde{u}_{1i}, x_2 = \tilde{u}_{2i}, \cdots, x_n = \tilde{u}_{ni})$$
$$= \frac{1}{k} P(y = \tilde{v}_j \mid x_1 = \tilde{u}_{1i}) P(y = \tilde{v}_j \mid x_2 = \tilde{u}_{2i}) \cdots P(y = \tilde{v}_j \mid x_n = \tilde{u}_{ni})$$

$\cdots$

$$P(y = \tilde{v}_m \mid x_1 = \tilde{u}_{1i}, \ x_2 = \tilde{u}_{2i}, \ \cdots, \ x_n = \tilde{u}_{ni})$$

$$= \frac{1}{k} P(y = \tilde{v}_j \mid x_1 = \tilde{u}_{1i}) P(y = \tilde{v}_j \mid x_2 = \tilde{u}_{2i}) \cdots P(y = \tilde{v}_j \mid x_n = \tilde{u}_{ni}) \qquad (9.15)$$

且 y 在给定父变量的状态下的所有条件概率之和为 1。

9.2　保险公司信息系统操作风险的算例研究

本章以国内某家大型保险公司（以下称为"B 公司"）为研究对象，使用模糊认知图和贝叶斯网络相结合的方法对其信息系统操作风险进行度量和分析。

9.2.1　算例公司信息系统操作风险模糊认知图数据收集

以下采用前文构建的修正后的模糊认知图结构对 B 公司信息系统操作风险进行研究。采用问卷调查形式依靠 B 公司信息系统部门专家经验获得模型所需数据。第一类数据是风险点之间的因果影响程度。向专家询问本公司信息系统操作风险模糊认知图中每个父节点对子节点的因果影响程度，请专家用表 9.2 中的自然语言变量进行评价。再将自然语言评价转化为对应的模糊数，得到图 9.4。第二类数据是根节点的状态。请专家分别评估本公司信息系统操作风险模糊认知图中每个根节点的状态为轻微、中等、严重的可能性，作为信息系统操作风险贝叶斯网络模型的初始状态（现有状态）。

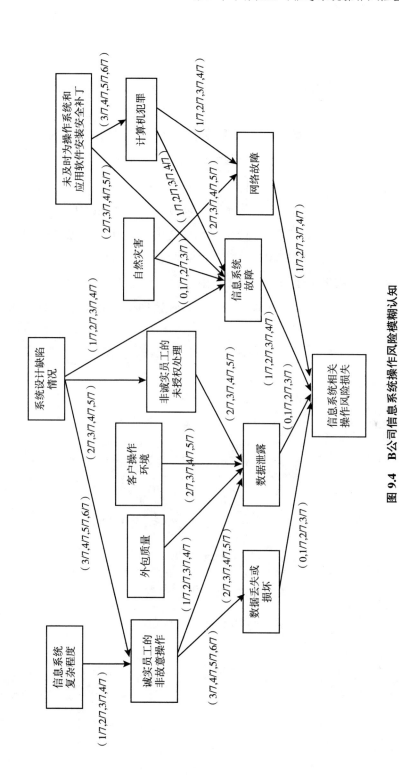

图 9.4 B公司信息系统操作风险模糊认知

9.2.2 算例公司信息系统操作风险贝叶斯网络参数计算

在获得模糊认知图数据后，需要转化获取贝叶斯网络所需的条件概率。本章以风险点"诚实员工的非故意操作"为例进行演示。风险点"诚实员工的非故意操作"（简记为"HU"）有两个父节点，分别是"信息系统复杂程度"（简记为"IF"）和"系统设计缺陷情况"（简记为"SD"）。风险点"IF"存在三种初始状态："严重（S）""中等（M）""轻微（L）"，对应的模糊数为（0.4，0.6，0.8，1）、（0.2，0.4，0.6，0.8）、（0，0.2，0.4，0.6）。根据图9.4所示，"IF"对于"HU"的因果影响程度用模糊数表示为（1/7，2/7，3/7，4/7），化为小数即为（0.14，0.29，0.43，0.57）。

根据式（9.5）"HU"的条件可能性分布 π 可表示为

$$
\pi(\mathrm{HU}\mid\mathrm{IF=S})=\begin{cases}
\dfrac{y-0.056}{0.174-0.056}, & 0.056\leqslant y\leqslant 0.174\\[2mm]
1, & 0.174 < y\leqslant 0.344\\[2mm]
\dfrac{y-0.570}{0.344-0.570}, & 0.344 < y\leqslant 0.570\\[2mm]
0, & y < 0.056\ \text{or}\ y > 0.570
\end{cases}
$$

$$
\pi(\mathrm{HU}\mid\mathrm{IF=M})=\begin{cases}
\dfrac{y-0.028}{0.116-0.028}, & 0.028\leqslant y\leqslant 0.116\\[2mm]
1, & 0.116 < y\leqslant 0.258\\[2mm]
\dfrac{y-0.456}{0.258-0.456}, & 0.258 < y\leqslant 0.456\\[2mm]
0, & y < 0.028\ \text{or}\ y > 0.456
\end{cases}
$$

$$\pi(\text{HU} \mid \text{IF} = \text{L}) = \begin{cases} \dfrac{y}{0.057}, & 0 \leqslant y \leqslant 0.058 \\ 1, & 0.058 < y \leqslant 0.172 \\ \dfrac{y - 0.342}{0.172 - 0.342}, & 0.172 < y \leqslant 0.342 \\ 0, & y < 0 \text{ or } y > 0.342 \end{cases}$$

在计算出"HU"的条件可能性分布之后，运用式（9.11）可以得到"HU"的条件概率分布：

$$P(\text{HU} \mid \text{IF} = \text{S}) = \begin{cases} \dfrac{1}{-0.344} \ln \left| \dfrac{0.080 - 0.344y}{0.061} \right|, & 0.0 \leqslant y \leqslant 0.174 \\ \dfrac{1}{-0.344} \ln 0.330, & 0.174 < y \leqslant 0.344 \\ \dfrac{1}{-0.344} \ln \left| \dfrac{0.080 - 0.344y}{-0.116} \right|, & 0.344 < y \leqslant 0.570 \\ 0, & y < 0 \text{ or } y > 0.570 \end{cases}$$

$$P(\text{HU} \mid \text{IF} = \text{M}) = \begin{cases} \dfrac{1}{-0.286} \ln \left| \dfrac{0.046 - 0.286y}{0.038} \right|, & 0.028 \leqslant y \leqslant 0.116 \\ \dfrac{1}{-0.286} \ln 0.332, & 0.116 < y \leqslant 0.258 \\ \dfrac{1}{-0.286} \ln \left| \dfrac{0.046 - 0.286y}{-0.085} \right|, & 0.258 < y \leqslant 0.456 \\ 0, & y < 0.028 \text{ or } y > 0.456 \end{cases}$$

$$P(\text{HU} \mid \text{IF} = \text{L}) = \begin{cases} \dfrac{1}{-0.228} \ln \left| \dfrac{0.020 - 0.228y}{0.020} \right|, & 0 \leqslant y \leqslant 0.058 \\ \dfrac{1}{-0.228} \ln 0.333, & 0.058 < y \leqslant 0.172 \\ \dfrac{1}{-0.228} \ln \left| \dfrac{0.020 - 0.228y}{-0.058} \right|, & 0.172 < y \leqslant 0.342 \\ 0, & y < 0 \text{ or } y > 0.342 \end{cases}$$

当"HU"的状态为"S""M""L"时，对应的可能性区间分别为
[0.4，1] [0.2，0.8] [0，0.6]。可得条件概率：

$$P(\text{HU} = \text{S} \mid \text{IF} = \text{S}) = \int_{0.4}^{1} P(\text{HU} \mid \text{IF} = \text{S}) = 0.153$$

$$P(\text{HU} = \text{M} \mid \text{IF} = \text{S}) = \int_{0.2}^{0.8} P(\text{HU} \mid \text{IF} = \text{S}) = 0.758$$

$$P(\text{HU} = \text{L} \mid \text{IF} = \text{S}) = \int_{0}^{0.6} P(\text{HU} \mid \text{IF} = \text{S}) = 1$$

同样可以得到当"IF"的状态为"M""L"时"HU"的条件概率
（见表9.4）。如果节点具有多态性，则每个状态概率的和应为1。因此需要
对节点状态概率进行标准化处理（见表9.5）。

表9.4　　　　　　　当"IF"的状态已知时"HU"的条件概率

条件	IF	S	M	L
HU	S	0.153	0.087	0.000
	M	0.758	0.548	0.580
	L	1.000	1.000	1.000

表9.5　　　　　　　当"IF"的状态已知时"HU"的条件概率（标准化后）

条件	IF	S	M	L
HU	S	0.080	0.053	0.000
	M	0.397	0.335	0.367
	L	0.523	0.612	0.633

同样方法可得当"SD"的状态已知时"HU"的条件概率表（见表9.6）。

表 9.6　　　当 "SD" 的状态已知时 "HU" 的条件概率（标准化后）

条件	SD	S	M	L
HU	S	0.288	0.158	0.046
	M	0.401	0.401	0.361
	L	0.311	0.441	0.593

根据式（9.13）~式（9.15），可得节点 "HU" 的条件概率表（见表 9.7）。

表 9.7　　　　　　　　　　　节点 "HU" 的条件概率

条件	IF	S			M			L		
	SD	S	M	L	S	M	L	S	M	L
HU	S	0.067	0.031	0.008	0.045	0.020	0.000	0.000	0.000	0.000
	M	0.461	0.395	0.313	0.395	0.326	0.261	0.428	0.345	0.261
	L	0.472	0.573	0.678	0.559	0.654	0.739	0.572	0.655	0.739

使用同样的方法可以得到 BBN 模型所需的所有的条件概率表。

9.2.3　算例公司信息系统操作风险评估结果分析

本章使用 Hugin Lite 软件对基于模糊认知图的贝叶斯网络进行了建模和计算，得到结果如图 9.5 所示。

经过计算表明，该公司信息系统相关操作风险损失状态为 "轻微" 的概率为 96.03%。总体来看，该公司的信息系统操作风险较小，公司信息系统相关运营管理较好，但仍存在 3.97% 的可能发生中等损失，应予以重视。

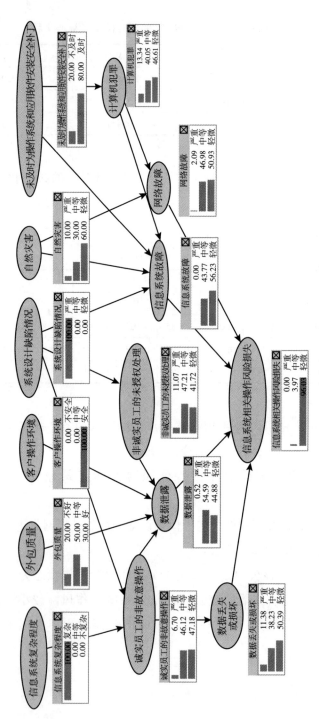

图 9.5　B保险公司信息系统操作风险贝叶斯网络评估结果

从根节点来看，B 保险公司的信息系统复杂程度为复杂，系统设计缺陷情况为严重缺陷，因此公司需要尽快修补系统设计缺陷，并优化业务流程及相关信息系统，以降低信息系统复杂程度。外包服务方面有 20% 的可能服务质量较差、有 30% 的可能服务质量较好、50% 的情况下外包服务质量一般。该公司应加强外包服务采购和管理，提高外包服务质量。自然灾害为严重、中等或轻微的概率分别为 10%、30% 和 60%。此类风险可针对性采取风险控制措施，拟定紧急处置预案，并购买相关保险。公司有 80% 的情况下及时为操作系统和应用软件安装了补丁，但仍有 20% 的情况下未能及时安装。公司应建立系统及软件升级责任机制，理顺流程，提高升级效率。客户操作环境为安全环境，可继续保持。

中间节点中应当予以关注的包括："诚实员工的非故意操作"，该节点为"中等"状态以上的概率较高，公司应该在梳理多发"误操作点"的基础上，通过完善信息系统和有针对性地加强员工培训来降低此类操作风险；"非诚实员工的未授权处理"，该节点为"严重"的概率是 11.07%，为"中等"的概率是 42.21%，此类操作风险需要重视，可以通过系统缺陷修补、企业文化教育和管理激励机制来改善。

对于直接导致操作风险损失的风险节点进行分析可以发现，该保险公司"数据丢失或损坏"为"严重"状态的概率较高，达到 11.38%，为"中等"状态的概率为 38%。"数据泄露"为"中等"以上状态的概率为 55.12%。可以看出在大数据和业务数字化的背景下，数据引起的相关操作风险较大，公司必须有针对性地对此类操作风险加强管理。"信息系统故障"为"严重"状态的概率几乎为零，但为"中等"状态的概率为 43.77%，"网络故障"状态为"严重"的概率较低，但为"中等"的概率约为 47%，这两个节点具有共同的根结点，即"系统设计缺陷""自然灾害""未及时安装安全补丁"，因此应加强这三方面风险的管控。另外，经调查发现该公司信息系统总体运行较稳定，但部分子系统稳定性不佳，需要在后续系统更新中加以关注和改进。

9.2.4 算例公司信息系统操作风险敏感性分析

为了对 B 公司信息系统操作风险进行更深入的分析，充分利用 BBN 网络的优势，为操作风险管理提供更有效的指导，本章利用得到的 BBN 模型对该公司信息系统操作风险进行了敏感性分析（如图9.6所示）。

通过分析发现，在各根节点状态依次降为"轻微"的情景下，信息系统操作风险将下降0.25%～4.28%，下降幅度由高到低排序依次为：系统设计缺陷、未及时为操作系统和应用原件安装安全补丁、信息系统复杂程度、外包质量、自然灾害。B 公司可据此确定风险管理措施的优先级，合理有效配置风险管理资源。

另外，一些中间节点的敏感性也值得关注。B 公司如果能将其信息系统复杂程度降为"不复杂"，则"诚实员工的非故意操作"为中等状态的概率将下降32.03%，如果能将"外包质量"状态提高到"好"，则"数据泄露"为严重状态的概率将下降57.69%，如果能及时为操作系统和应用软件安装补丁，将使"计算机犯罪"为严重状态的概率下降12.22%。如果能将"系统设计缺陷"的状态降为"轻微"，则可避免严重的"诚实员工非故意操作"，并将"非诚实员工的未授权处理""数据丢失或损坏""数据泄露"状态为"严重"的概率分别降低66.49%、17.49%和11.54%，将"信息系统故障"为"中等"的概率降低23.78%。

9.2.5 算例研究结论

从算例研究可以看出，采用本章提出的基于模糊认知图和贝叶斯网络的信息系统操作风险评估方法能够对保险公司信息系统操作风险进行总体评估，并能够评估各个风险点状态，找到需要关注的主要风险点。在此基础上，保险公司还可以采用该模型进行操作风险的敏感性分析，从而将有

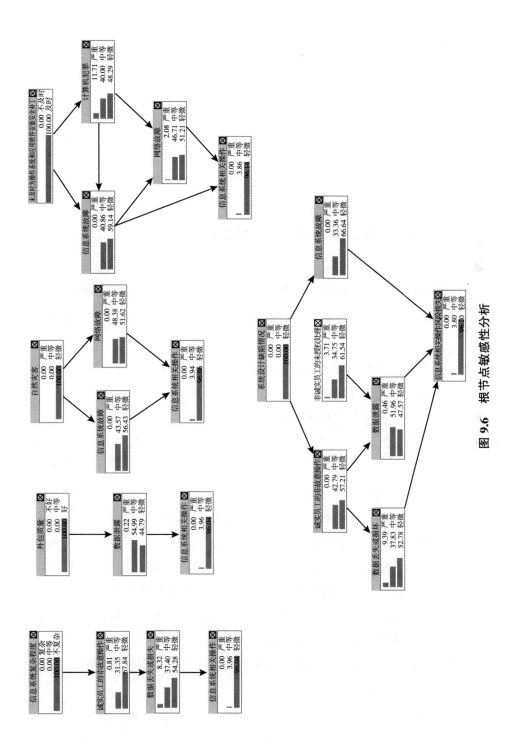

图 9.6 根节点敏感性分析

限的风险管理资源投入到能够更加有效降低操作风险的各类风险点的管理中，提高信息系统操作风险管理效率，降低风险管理成本。该方法可以适应保险公司信息系统操作风险具有复杂性、动态性和历史数据不足的特点，有利于保险公司信息系统操作风险量化管理方法保持稳定性和连续性，并能够支持保险公司在持续有效量化管理信息系统操作风险的同时，应对新偿付能力监管下的操作风险自评估要求。

9.3　保险公司信息系统操作风险管理建议

在信息化数字化背景下，各家保险公司均加大了信息系统建设的投入，有些公司采用自建系统，有些公司采用外部云服务。本章对于 B 保险公司信息系统操作风险的分析对于自建信息系统的大型保险公司具有一定参考价值。结合分析结果及相关领域专家的意见，本章对保险公司信息系统操作风险提出以下几点管理建议。

（1）建立信息系统操作风险评估机制。根据《保险公司偿付能力监管规则（Ⅱ）》的要求，保险公司应对操作风险开展自评估，并列报评估方法、评估流程、评估结果等。保险公司可采用本章建立的基于模糊认知图和贝叶斯网络的操作风险量化管理方法，构建公司信息系统贝叶斯网络，利用专家主观数据，也可结合本公司客观数据[①]及赋权重的外部数据，建立条件概率表，监控根节点状态，定期评估信息系统操作风险状况。并可根据评估结果和敏感性分析，确定各个风险点需要关注和投入资源的优先级，更加科学合理地采取风险管理措施，同时更好地满足监管要求。

（2）完善信息系统设计，降低信息系统操作复杂程度，力图更加友好、便捷。保险公司内部操作系统应当基于某一标准化的框架，相关的功能或应用应在此基础上进行搭建。标准化的框架有助于信息的整合和统一管理，

---

① 在使用客观数据时要注意避免系统修复、更新等对历史数据可用性带来的影响。

也有助于数据在不同系统间的传输。经过整合和统一后的系统能够减少设计缺陷，降低操作的复杂程度，减少操作人员的学习成本，使操作人员能够更快速地掌握相应系统的操作流程。同时，不太复杂的系统意味着操作人员所面对的是一个标准化后更易理解的系统，因此出现失误的概率会降低，相应的数据丢失、损坏或泄露的概率也会降低，从而能够更有效地控制操作风险给公司带来的损失。

（3）建立针对信息安全的内控机制。首先，为了减少外部计算机犯罪发生的频率，IT 部门需要定期检查系统或应用程序的更新状态，做到及时更新。其次，公司在条件允许的情况下必须在 IT 部门中建立信息安全小组，该小组的主要工作内容就是及时发现和维护公司各类操作系统中的漏洞，降低被外部黑客入侵袭击公司系统的概率。此外，保险公司需要针对由于计算机犯罪或自然灾害而导致信息系统故障或网络故障的问题建立相应的预案。预案中需明确当信息系统或网络发生故障时各职能部门的职责，确保在公司内发生此类事故时能做到快速响应并修复，最大程度减小风险事故给公司造成的损失。

（4）建立针对人员操作的内控机制。保险公司需要从风控流程入手，在进行信息系统开发时应设置内控流程，保证正在开发的系统符合内控要求，对于系统中可能出现内部欺诈的风险点进行记录和有针对性的管理。此外，在信息系统运行过程中应设置相应的内控机制，对于正在运行的系统硬件和软件要定期监控和维护，在监控信息系统出现 BUG 的同时，还应检查是否存在硬件或软件出现损坏的情况，保障信息系统的稳定运行。对于秘密文件或数据要设置合理的文件保护机制，防止文件或数据泄露。最后还应对于操作人员设置内控机制，在信息系统的管理和使用权限上，保险公司要建立完整、规范、权责清晰的制度流程。保险公司应定时检查操作人员的操作行为，在出现操作人员非正常操作行为时应及时核查，防止内部欺诈的发生。

（5）提高外包服务质量，加强外包服务风险管理。近年来，保险公司信息科技外包服务范围不断扩大、形式日趋多样，同时也导致敏感信息泄露等风险增大。外包服务已成为信息系统操作风险重要诱因之一。银保监会为此专门印发了《银行保险机构信息科技外包风险监管办法》。保险公司在采用外包服务时应建立服务供应商管理体系及供应商库，针对外包类型和重要性程度，明确不可外包业务范围；制定供应商分类、分级原则，并制定针对性管控要求。加强个人信息保护，强调事前控制和事中监督。尤其要关注非驻场集中式外包、跨境外包等形式下的信息安全。

第 10 章
控制操作失误的激励机制研究

正如第一章讨论"操作风险"一词翻译的起源时所提及的，由于在金融企业生产运作过程中，金融产品和服务的提供主要依靠人员操作，因此人员操作失误是金融企业需要面对的一类主要操作风险。对操作失误引起的操作风险管理的困难主要有两个原因：第一，"自我保护，躲避惩罚"是人类说谎行为的三个典型动机之一。如果内部控制制度不利，操作人员在发生操作失误时一般不愿意上报事故，而可能私自采取未授权的补救措施，甚至掩盖行为，这些行为不仅增加了企业发现事故的难度、延长了事故得到及时有效处理的时间，而且还可能酿成更大的风险事故。第二，金融企业业务的特点使得依靠外部力量很难及时发现操作失误事故。对违规操作的察觉速度通常与所用金融工具的复杂程度有关，在使用复杂的交易工具时，耗时较短，使用标准金融工具时，所需时间较长。这样的教训已经在国际金融界多次出现。例如：在著名的巴林银行事件中，从违规到灾难性事件发生经历了 3 年，造成的总损失达 1.3 亿美元；这种情况大和银行经历了 11 年，总损失达 1.1 亿美元（Hans，2003）。

由于人工操作而造成的操作失误难以完全避免，因此，金融机构对这一类操作风险进行管理除了采取制度流程优化、计算机辅助审查等外部帮助以外，更有效的应该是制定合理的员工激励机制。这一激励机制的目标应该有以下两个，即激励员工认真工作，以降低操作失误的频率和鼓励员工在出现失误时及时上报有关部门，以便进行有效的补救。另外，操作风险度量模型和结果的有效性依赖于操作风险数据库中数据的数量和真实性，而操作风险的特点使得员工愿意将真实的数据和信息上报成为创建操作风险数据库的关键，因此第二个目标还有助于解决操作风险损失数据收集困难的问题。国际上一些金融机构已经尝试改善其员工的激励机制，以通过积极或消极的激励系统传递这种信息，但至今为止这些激励机制的经验还没有完全令人满意。

操作风险激励机制的设计是操作风险给风险管理领域带来的新挑战。对于这一激励机制，一些操作风险研究者曾在文章中提出了自己的观点，例如，纽伯里等（Newberr et al.，2002）认为，对于产生失误但上报事故的员工应给予免责以代替惩戒措施，除非他们是犯罪或公然违反规定。哈斯等（Haas et al.，2004）也认为正确报告错误应该被奖励，而不是惩罚。然而，目前还没有进一步的论证或理论研究来证实这些学者的观点。

究竟什么样的激励机制是有效的，奖励还是惩罚？本章将利用博弈论和委托代理理论对这一问题进行分析。

10.1　基　本　假　设

博弈的双方是公司和员工。

（1）员工未发生操作失误，公司支付给员工的工资为 w（以下称为"激励工资Ⅰ"），$w = \alpha + \beta$，其中 α 代表固定工资，β 代表公司支付给员工的奖金，$\beta \geq 0$。

（2）员工发生操作失误但及时向公司汇报的情况下，公司支付给员工的工资为 $\alpha - x$（以下称为"激励工资Ⅱ"）。

（3）员工出现操作失误并且隐瞒事故，在公司的审计过程中被查出时，公司对员工的处罚金为 y，此时员工收入为 $\alpha - y$（以下称为"激励工资Ⅲ"）。

（4）员工出现失误的概率 ε 是员工为防止出现操作失误而付出的努力 a 的函数，即 $\varepsilon = \varepsilon(a)$，且 $0 < \varepsilon(a) < 1$，$\varepsilon'(a) < 0$，$\varepsilon''(a) > 0$，$\varepsilon(0) = \underline{\varepsilon}$。

（5）公司对员工操作进行随机审计，审计的概率为 $v(0 \leqslant v \leqslant 1)$，审计成本为 d。如果进行审计则发现员工操作失误的概率为 1。

（6）员工在发生操作失误时以概率 $1 - \varphi$ 上报，其中 $0 \leqslant \varphi \leqslant 1$。

（7）员工发生操作失误但公司发现（从而得到处理）时公司的损失为 I。员工发生操作失误但未被发现（导致未得到处理，使公司损失增大）时公司的损失为 kI，且 $k \geqslant 1$。

（8）员工是风险规避的，且具有 Von Neumann-Morgenstern 效用函数 $u(\cdot)$，满足 $u'(\cdot) > 0$，$u''(\cdot) < 0$。当公司获得的信息是员工未发生操作失误时，员工的效用函数为 $u_0(\cdot)$；当公司获得的信息是员工发生了操作失误时，员工的效用函数为 $u_1(\cdot)$，且 $u_0(x) > u_1(x)$，这表示一旦公司获得员工发生失误的信息，即员工发生失误这一事件公开，员工声誉会受到影响，甚至员工会有愧疚感。

（9）员工为防止出现操作失误而付出的努力为 a，努力成本为 $c(a)$，且 $c'(a) > 0$，$c''(a) > 0$。

（10）公司是风险中性的。

10.2 模型分析

模型可以简化成两个问题。第一，员工未上报事故时，公司决定一个审计比例 v；在发生操作失误时，员工决定一个上报事故的概率 φ，这是一个监督博弈，是具有混合策略均衡的完全信息静态博弈问题。第二，以混合策略均衡为约束条件，公司决定一个工资契约，激励员工选择努力程度 a，使得公司期望效用最大化。这是一个委托代理问题。

公司和员工行动的不同组合下的货币结算见表 10.1。

表 10.1　　　公司和员工行动的不同组合下的货币结算

序号	状态	员工行动	公司行动	员工收益	公司收益
1	未发生操作失误	不报告	不审计	$\alpha+\beta$	$-(\alpha+\beta)$
2	未发生操作失误	不报告	审计	$\alpha+\beta$	$-(\alpha+\beta+d)$
3	未发生操作失误	报告	不审计	—	—
4	未发生操作失误	报告	审计	—	—
5	发生操作失误	不报告	不审计	$\alpha+\beta$	$-(\alpha+\beta+kI)$
6	发生操作失误	不报告	审计	$\alpha-y$	$-(\alpha-y+d+I)$
7	发生操作失误	报告	不审计	$\alpha-x$	$-(\alpha-x+I)$
8	发生操作失误	报告	审计	$\alpha-x$	$-(\alpha-x+d+I)$

注：假设员工是理性的，则表中 3、4 两种情况不会发生。8 代表的路线偏离了均衡路径，不会是均衡状态。

10.2.1　监督博弈问题

在这个监督博弈中，员工的策略可以表示为 $\theta:\{0,1\}\to\Delta\{0',R\}$，即当员工发生操作失误时（状态 1），他以某个概率 $1-\varphi$ 上报事故（信号 R），以概率 φ 不上报事故（信号 $0'$）。当未发生操作失误时（状态 0），员工采取确定的行动，即不上报事故（信号 $0'$）。公司的策略表示为 $\delta:\{0',R\}\to\Delta\{A,N\}$，即当获得信号 $0'$ 时以概率 v 采取审计行动 A，以概率 $1-v$ 采取不审计行动 N。当获得信号 R 时，公司采取确定的行动 N。

当员工选择了一个努力程度 a 时，发生操作失误的概率 $\varepsilon=\varepsilon(a)$ 确定，模型可以用图 10.1 表示。

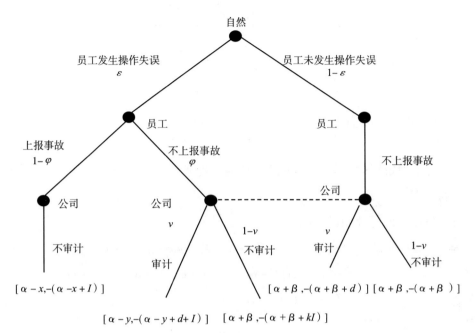

图 10.1 控制操作失误的监督博弈问题模型

当员工发出信号 $0'$ 时，公司对是否发生操作失误有后验概率：$P(1 \mid 0') = \dfrac{\varepsilon\varphi}{1-\varepsilon+\varepsilon\varphi}$，$P(0 \mid 0') = \dfrac{1-\varepsilon}{1-\varepsilon+\varepsilon\varphi}$。此时，公司采取审计或不审计获得的期望效用分别是

$$\pi_1(0',\ A) = \frac{\varepsilon\varphi}{1-\varepsilon+\varepsilon\varphi}\left[\ -(\alpha-y+d+I)\ \right] + \frac{1-\varepsilon}{1-\varepsilon+\varepsilon\varphi}\left[\ -(\alpha+\beta+d)\ \right]$$

$$\pi_1(0',\ N) = \frac{\varepsilon\varphi}{1-\varepsilon+\varepsilon\varphi}\left[\ -(\alpha+\beta+kI)\ \right] + \frac{1-\varepsilon}{1-\varepsilon+\varepsilon\varphi}\left[\ -(\alpha+\beta)\ \right]$$

员工上报概率的最优化决策是使得 $\pi_1(0',\ A) = \pi_1(0',\ N)$，解得

$$\varphi = \frac{1-\varepsilon}{\varepsilon} \times \frac{d}{\beta+y+(k-1)I-d} \tag{10.1}$$

当员工处于状态 1 时，员工上报和不上报的期望效用分别是

$$\pi_2(1,\ R) = u_1(\alpha-x) - c(a)$$

$$\pi_2(1,\ 0') = vu_1(\alpha-y) + (1-v)u_0(\alpha+\beta) - c(a)$$

公司审计概率的最优化决策是使得 $\pi_2(1, R) = \pi_2(1, 0')$，解得

$$v = \frac{u_0(\alpha + \beta) - u_1(\alpha - x)}{u_0(\alpha + \beta) - u_1(\alpha - y)} \qquad (10.2)$$

10.2.2 委托代理问题

在上面解得的监督博弈混合策略纳什均衡条件下，分别计算公司和员工的效用。

公司的期望效用是

$$\begin{aligned} E(\pi_1) = [1 - \varepsilon] &[(1 - v)(-\alpha - \beta) + v(-\alpha - \beta - d)] \\ &+ \varepsilon\{(1 - \varphi)(-\alpha + x - I) + \varphi[v(-\alpha + y - d - I) \\ &+ (1 - v)(-\alpha - \beta - kI)]\} \end{aligned}$$

员工的期望效用为

$$\begin{aligned} E[u(\pi_2)] = [1 - \varepsilon]u_0(\alpha + \beta) &+ \varepsilon\{(1 - \varphi)u_1(\alpha - x) \\ &+ \varphi[vu_1(\alpha - y) + (1 - v)u_0(\alpha + \beta)]\} - c(a) \end{aligned}$$

公司的问题是通过选择工资契约 (β, x, y) 和审计概率 (v) 激励员工选择防止操作失误发生的努力程度 (a) 从而最大化公司期望效用。该最优化问题表示如下：

$$\begin{cases} \max_{\beta, x, y, a} E(\pi_1) & (10.3) \\[2mm] \text{s.t.} \quad (\text{IR}) \quad E[u(\pi_2)] \geqslant \underline{u} & (10.4) \\[2mm] \quad (\text{IC}) \quad \max_a E[u(\pi_2)] & (10.5) \\[2mm] \quad (\text{IC}) \quad \varphi = \frac{1 - \varepsilon}{\varepsilon} \times \frac{d}{\beta + y + (k - 1)I - d} & (10.6) \\[4mm] \quad v = \frac{u_0(\alpha + \beta) - u_1(\alpha - x)}{u_0(\alpha + \beta) - u_1(\alpha - y)} & (10.7) \end{cases}$$

将式 (10.6)、式 (10.7) 代入式 (10.3)、式 (10.4)、式 (10.5)，再将式 (10.5) 以其一阶条件代替，最优化问题转化为

$$\begin{cases} \max_{\beta,x,y,a} E(\pi_1) = -\alpha - \beta - d + \varepsilon(\beta + x - I + d) + (1-\varepsilon)\dfrac{d(y-x)-d^2}{\beta+y+(k-1)I-d} \\ \qquad\qquad\qquad\qquad\qquad\qquad\qquad\qquad\qquad\qquad\qquad (10.8) \\ \text{s. t.} \quad (\text{IC}) \quad \varepsilon'(a)[u_1(\alpha-x)-u_0(\alpha+\beta)]-c'(a)=0 \qquad (10.9) \end{cases}$$

构造拉格朗日方程求解最优化问题：

$$L = -\alpha - \beta - d + \varepsilon(\beta + x - I + d) + (1-\varepsilon)\dfrac{d(y-x)-d^2}{\beta+y+(k-1)I-d}$$

$$\qquad + \lambda\{\varepsilon'(a)[u_1(\alpha-x)-u_0(\alpha+\beta)]-c'(a)\}$$

$$\begin{cases} \dfrac{\partial L}{\partial a} = \varepsilon'(a)(\beta+x-I+d) - \varepsilon'(a)\dfrac{d(y-x)-d^2}{\beta+y+(k-1)I-d} \\ \qquad + \lambda\{\varepsilon''(a)[u_1(\alpha-x)-u_0(\alpha+\beta)]-c''(a)\}=0 \qquad (10.10) \\[2mm] \dfrac{\partial L}{\partial \beta} = -(1-\varepsilon)\left[\dfrac{d(y-x)-d^2}{[\beta+y+(k-1)I-d]^2}+1\right] - \lambda\varepsilon'(a)u_0'(\alpha+\beta)=0 \\ \qquad\qquad\qquad\qquad\qquad\qquad\qquad\qquad\qquad\qquad (10.11) \\[2mm] \dfrac{\partial L}{\partial x} = \varepsilon - (1-\varepsilon)\dfrac{d}{\beta+y+(k-1)I-d} - \lambda\varepsilon'(a)[u_1'(\alpha-x)]=0 \qquad (10.12) \\[2mm] \dfrac{\partial L}{\partial y} = (1-\varepsilon)d\dfrac{\beta+x+(k-1)I}{[\beta+y+(k-1)I-d]^2}=0 \qquad (10.13) \\[2mm] \varepsilon'(a)[u_1(\alpha-x)-u_0(\alpha+\beta)]-c'(a)=0 \qquad (10.14) \end{cases}$$

由式（10.13）得 $\varepsilon=1$ 或 $d=0$ 或 $y=+\infty$ 或

$$x = -\beta - (k-1)I \qquad (10.15)$$

$\varepsilon=1$ 表示发生操作失误的概率为 1，显然不是最优解。审计成本一般不为零，即 $d=0$ 不能成立。$y=+\infty$，在现实中无法实现，事实上通过求解也可以发现 $y=+\infty$ 时最优解不在 $a\geq0$ 范围内，所以 $y=+\infty$ 不是可行的最优解。

所以要使式（10.13）成立，则式（10.15）成立。下面讨论 $x=-\beta-(k-1)I$ 时的情况。

为了便于计算，设 $\alpha=0$，$u_0(z)=(W+z)^{\frac{1}{2}}$，$u_1(z)=(W+z)^{\frac{1}{2}}-gI$（$W$ 表示员工的初始资产；一旦操作失误被发现，对员工的声誉等产生的负

面影响与公司的损失正相关）；$c(a) = \frac{1}{2}ba^2$ $(b > 0)$；$\varepsilon(a) = \frac{1}{a+1}$ （满足当 $a = 0$ 时 $\varepsilon(a) = 1$，当 $a = +\infty$ 时 $\varepsilon(a) = 0$，且 $\varepsilon'(a) < 0$，$\varepsilon''(a) > 0$）。解得

$$a^2(a+1)^3(3a^2+4a+1)\frac{ba(a+1)^2-gI}{2ba(a+1)^2-gI} = \frac{kI}{2b^2(d+1)} \qquad (10.16)$$

$$\lambda = \frac{kI}{b(3a^2+4a+1)} \qquad (10.17)$$

$$(W+\beta)^{\frac{1}{2}} = \frac{ba(a+1)^2[ba(a+1)^2-gI]}{2ba(a+1)^2-gI} \qquad (10.18)$$

所以，当失误信息公开对员工的负面影响很大，且满足 $[W+\beta+(k-1)I]^{\frac{1}{2}} - (W+\beta)^{\frac{1}{2}} \leqslant gI$ 时，对于上报事故的员工给予奖金（$-x = \beta + (k-1)I$）作为激励，可以达到帕累托最优。而且，使得式（10.16）成立的最优解应满足 $a(a+1)^2 \geqslant \frac{gI}{b}$。这说明失误信息公开给员工带来的负面影响越大，员工选择的努力程度就越大。如果这种负面影响很小时，仍给予员工奖励，则可能导致 $u_0(\alpha+\beta) < u_1(\alpha-x)$，员工会做出故意失误再上报事故的决策，上述最优不能达到。

实际中不论负面影响多大，如果员工失误但上报时获得的收入大于未发生失误时的收入的话，这种安排很难让人们接受。下面讨论一种特例，$x = -\beta$ 时的情况，即一些操作风险管理学者提出的发生失误上报时不给予处罚的设想。通过代入具体函数形式可以发现此时最优化问题无解。

当 $x = -\beta - (k-1)I$ 不能实现时，不存在达到帕累托最优的激励机制。但通过式（10.13）可知，由于 $\beta + x + (k-1)I > 0$，所以 $\partial L / \partial y > 0$。实际中员工隐瞒事故被发现时的处罚不可能无限大，而存在一个由实际情况决定的最大值，设为 y^*。下面讨论当 $y = y^*$ 时激励机制的次优解。

最优化问题转化为

$$
\begin{cases}
\dfrac{\partial L}{\partial a} = \varepsilon'(a)(\beta + x - I + d) - \varepsilon'(a) \times \dfrac{d(y^* - x) - d^2}{\beta + y^* + (k-1)I - d} \\
\qquad + \lambda \{ \varepsilon''(a) [u_1(\alpha - x) - u_0(\alpha + \beta)] - c''(a) \} = 0 \qquad (10.19) \\[4pt]
\dfrac{\partial L}{\partial \beta} = -(1 - \varepsilon) \times \left[\dfrac{d(y^* - x) - d^2}{[\beta + y^* + (k-1)I - d]^2} + 1 \right] - \lambda \varepsilon'(a) u_0'(\alpha + \beta) = 0 \\[10pt]
\qquad\qquad\qquad\qquad\qquad\qquad\qquad\qquad\qquad\qquad\qquad\qquad (10.20) \\[4pt]
\dfrac{\partial L}{\partial x} = \varepsilon - (1 - \varepsilon) \dfrac{d}{\beta + y^* + (k-1)I - d} - \lambda \varepsilon'(a) [u_1'(\alpha - x)] = 0 \qquad (10.21) \\[4pt]
\varepsilon'(a) [u_1(\alpha - x) - u_0(\alpha + \beta)] - c'(a) = 0 \qquad (10.22)
\end{cases}
$$

由式（10.20）、式（10.21）得：

$$
\frac{-(1-\varepsilon)[\beta + y^* + (k-1)I - d]^2 - (1-\varepsilon)d(y^* - x - d)}{\varepsilon[\beta + y^* + (k-1)I - d]^2 - (1-\varepsilon)d[\beta + y^* + (k-1)I - d]} = \frac{u_0'(\alpha + \beta)}{u_1'(\alpha - x)}
$$

$$(10.23)$$

将 $\varphi^* = \dfrac{1-\varepsilon}{\varepsilon} \times \dfrac{d}{\beta + y^* + (k-1)I - d}$ 代入上式得

$$
\frac{-\varphi^* \dfrac{y^* - x - d}{\beta + y^* + (k-1)I - d} - \dfrac{1-\varepsilon}{\varepsilon}}{1 - \varphi^*} = \frac{u_0'(\alpha + \beta)}{u_1'(\alpha - x)}
$$

因为 $\dfrac{u_0'(\alpha + \beta)}{u_1'(\alpha - x)} \geq 0$，$\dfrac{1-\varepsilon}{\varepsilon} \geq 0$，所以

$$
\frac{y^* - x - d}{\beta + y^* + (k-1)I - d} \leq 0 \qquad (10.24)
$$

一般情况下，式（10.24）左边分母大于零，所以 $y^* - d \leq x$，即 $(\alpha - x) - (\alpha - y^*) \leq d$。因此，激励工资 Ⅱ 与激励工资 Ⅲ 的差必须小于审计成本。当审计成本很小且满足 $y^* - d > 0$ 时，$x > 0$，即对上报事故的员工应给予处罚，而且 y^* 越大或审计成本越小时 x 越大。当审计成本很大且满足 $y^* - d < 0$ 时，处罚 x 可能为正，也可能为负，即可能出现员工上报事故时不给予处罚仍然给予奖金的情况。当审计成本非常大，使得式（10.24）左边分母小于零，则 $x \leq y^* - d < 0$，此时员工上报事故时仍给予一定的奖金，而且 y^* 越小或审计成本越大，x 越小，即员工上报事故时获得的奖金

越高。

将式（10.21）、式（10.22）代入式（10.19），并代入 φ^* 解得

$$u_1'(\alpha - x) = \frac{(1 - \varphi^*)\left[\varepsilon''(a)\dfrac{c'(a)}{\varepsilon'(a)} - c''(a)\right]}{\dfrac{[\varepsilon'(a)]^2}{\varepsilon}\left[-(\beta + x - I + d) + \varphi^*\dfrac{\varepsilon}{1-\varepsilon}(y^* - x - d)\right]}$$

$$u_1'(\alpha - x) > 0, \quad \left[\varepsilon''(a)\frac{c'(a)}{\varepsilon'(a)} - c''(a)\right] \gtreqless 0$$

所以

$$-(\beta + x - I + d) + \varphi^*\frac{\varepsilon}{1-\varepsilon}(y^* - x - d) < 0$$

即 $-\beta + \dfrac{\varphi^*\varepsilon}{1-\varepsilon}y^* - \left(1 - \dfrac{\varphi^*\varepsilon}{1-\varepsilon}\right)x - \left(1 - \dfrac{\varphi^*\varepsilon}{1-\varepsilon}\right)d + I < 0$。

设 $\dfrac{\varphi^*\varepsilon}{1-\varepsilon} = A$，则 A 很小，接近于 0。所以

$$\beta > Ay^* - (1-A)x - (1-A)d + I > I - x - d$$

即 $(\alpha + \beta) - (\alpha - x) > I - d$。

激励工资 I 与激励工资 II 的差必须大于事故损失和审计成本的差。当审计成本与事故损失大小无关时，操作失误造成的事故损失越大（大事故），激励工资 I 与激励工资 II 的差越大，以失误对员工收入造成的巨大影响来激励员工努力减少损失。事故损失越小（小事故），激励工资 I 与激励工资 II 的差越小，即对于小事故，公司没有必要给予员工很高的奖金。对于损失相同的事故，审计成本越高，激励工资 I 与激励工资 II 的差越小，从而以降低失误对员工收入的影响鼓励员工上报事故来减少审计支出。审计成本越低，激励工资 I 与激励工资 II 的差越大，公司可以提高审计概率来节省工资支出。

10.3　研究结论

失误信息公开给员工带来的负面影响越大，员工选择的努力程度就越

大。当失误信息公开对员工的负面影响非常大时，给予上报事故的员工奖金（$-x = \beta + (k-1)I$）可以达到理论上的帕累托最优。但实际中可操作的次优工资策略是使员工隐瞒事故被发现时的处罚达到一个由实际情况决定的最大值 y^*，并且满足以下条件。

（1）员工上报事故与隐瞒事故获得的收入的差必须小于审计成本。当审计成本很小，公司倾向于采用审计手段从负面激励员工上报事故；当审计成本很大时，公司倾向于给予上报事故的员工较小的处罚甚至一定的奖金来激励员工上报事故，这时的奖金可以看成是公司向员工购买信息的贿赂金。前文提到的一些操作风险研究者所提出的设想，应该是基于他们认为金融企业的操作风险事故大多很难通过审计手段发现（即审计成本很高）为前提，否则那些设想并不科学。

（2）员工未发生事故与发生事故但及时上报时获得的收入的差必须大于事故损失和审计成本的差。单纯的奖励或处罚不是激励的动力，而激励工资Ⅰ与激励工资Ⅱ的差，决定了员工的行动。

总之，对于不同类型的失误事故要根据其可能造成的损失、审计难度、延误处置造成的损失增加等特点设计不同的工资契约，不能一概而论。

第 11 章

保险公司操作风险量化管理实施

操作风险管理按照管理水平可以分为五个阶段，如图 11.1 所示。

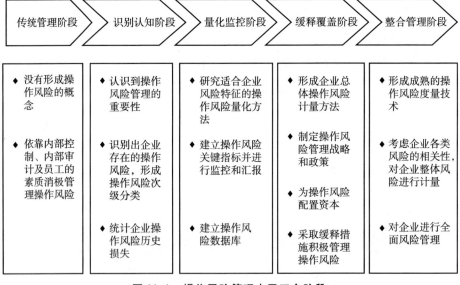

图 11.1 操作风险管理水平五个阶段

按照以上的划分，巴塞尔协议Ⅲ则要求银行达到第四阶段。我国《保险公司偿付能力监管规则（Ⅱ）》（简称"规则Ⅱ"）要求Ⅰ类保险公司[①]达到第三阶段，Ⅱ类保险公司至少达到第二阶段。

第二阶段——"识别认知阶段"，是操作风险量化管理的准备阶段。在准备阶段，Ⅱ类保险公司重点应该展开以下工作：

（1）在员工对操作风险认识不足的情况下，董事会和高层管理人员亲自关注这项工作，组织人员成立操作风险管理小组。

（2）对企业的所有重要产品、活动、程序和系统中固有的操作风险进行识别和分类，并对每一类风险给出清晰的定义，这是操作风险管理的基础工作。

（3）在分类的基础上对以往操作风险损失事件进行整理和统计。一方面，可以以有力的数据加强全体员工对操作风险的认识，另一方面，为操作风险数据库的建立和计量方法的研究做好准备。

第三阶段——"量化监控阶段"是操作风险量化管理的起步阶段，也是最重要的一个阶段。规则Ⅱ的实施意味着我国大型保险公司已经正式踏上操作风险量化管理之路。未来保险公司将同银行一样逐步向操作风险管理的第四、第五阶段发展。本章将结合我国实际和监管要求着重对操作风险量化管理的实施展开讨论。企业文化、日常管理等非量化手段，虽然不在本章讨论范围之内，但对操作风险管理十分重要，保险公司应该给予同样关注。

[①] 《保险公司偿付能力监管规则第 12 号：偿付能力风险管理要求与评估》第六条：满足下列任意两个标准的保险公司为Ⅰ类保险公司：（一）公司成立超过 5 年。（二）财产保险公司、再保险公司最近会计年度签单保费超过 50 亿元或总资产超过 200 亿元，人身保险公司最近会计年度签单保费超过 200 亿元或总资产超过 300 亿元。签单保费是指保险公司按照保险合同约定向投保人收取的保费。（三）省级分支机构数量超过 15 家。外国保险公司分公司及不满足上述条件的保险公司为Ⅱ类保险公司。银保监会可根据监管要求调整保险公司所属类别。

11.1 操作风险量化管理框架

11.1.1 操作风险管理组织体系

为了保证操作风险管理活动得到有效执行，保险公司应该选择合适的操作风险管理组织架构，明晰相关部门职责分工。

由于委托代理关系的存在，即使采用了风险调整的绩效，当保险公司发生重大风险事件时，显然管理层的损失远小于股东的损失。因此，保险公司操作风险管理的最终责任应该由董事会承担。董事会负责制定总体操作风险战略和总体政策，审批公司偿付能力风险管理的总体目标、风险容忍度和风险管理政策；审批风险管理组织架构和职责；定期审阅高级管理层的操作风险报告，持续关注公司操作风险状况；确保公司的风险管理体系接受内部审查部门的有效监督。有效的公司治理对于董事会履行操作风险管理责任非常重要。

规则Ⅱ要求Ⅰ类保险公司应当在董事会下设立风险管理委员会。风险管理委员会在董事会的授权下履行风险管理职责。具体职责包括：审议公司偿付能力风险管理的总体目标、风险偏好、风险容忍度和风险管理政策；审议公司偿付能力风险管理组织架构及职责；评估公司重大经营管理事项的风险，持续关注公司面临的各类风险及其管理状况；评估偿付能力风险管理体系运行的有效性；审议重大偿付能力风险事件解决方案等。Ⅱ类保险公司可以不设立风险管理委员会。未设立风险管理委员会的，由审计委员会履行相应职责。

也有国际保险公司，如日本生命人寿，在风险管理委员会下特设操作风险管理委员会（见图11.2），更利于实现对操作风险的精细化管理。

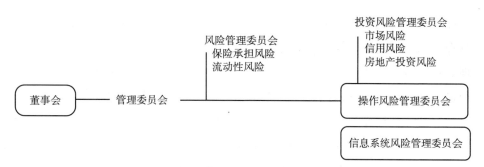

图 11.2　日本生命人寿风险管理组织架构

　　高级管理层，负责组织实施风险管理工作，执行董事会的战略与政策，负责按照风险管理总体目标和风险偏好制定、审查和监督操作风险的政策、组织架构和具体操作流程，掌握操作风险管理的整体状况。研究制定操作风险事件解决方案；组织风险管理信息系统的开发和应用。高级管理层应当至少每年向风险管理委员会汇报一次公司偿付能力风险水平以及风险管理状况。

　　保险公司应当指定一名高级管理人员作为首席风险官负责风险管理工作。首席风险官应当参与公司重大经营管理事项的决策过程，了解公司的重大经营决策、重大风险、重要系统及重要业务流程，并参与保险公司对各项经营决策的风险评估及审批工作。

　　高级管理层以下是操作风险管理的职能部门，一般为风险管理部门。风险管理部门牵头风险管理工作，辅助高级管理层完成操作风险管理，建立操作风险的识别、评估、预警方法及报告程序，并进行监测、评估，负责操作风险损失数据库、操作风险关键指标数据库的建设和维护。规则Ⅱ要求保险公司原则上应当至少在省级分支机构设立风险管理部门或风险管理岗。分支机构风险管理部门负责人的任命、考核、薪酬由总公司统一管理。

　　业务部门、支持部门、内部审计部门应成为预防操作风险的"三道防线"。业务部门负责日常的操作风险管理和控制，保险公司应当明确销售、承保、精算、投资等业务部门在操作风险管理中的职责分工。支持部门负责在专门领域对操作风险进行第二层控制，并对业务部门提供操作风险管理支持，例如法律、财务、内控合规、信息技术等部门。各相关部门应当积极配合。内部审计部门，应独立于业务部门、支持部门和风险管理部门，对保险公司的操作风险管理体系实施全面、有效的监督。有效的操作风险管理框架既需要对层级、各部门、各岗位人员职责的清晰规划，也离不开各方的积极协作，因此才能最大程度提升操作风险的协同效应。

综上，保险公司可以建立如图 11.3 所示的操作风险管理组织体系。

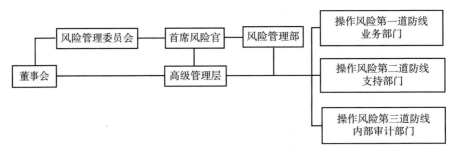

图 11.3　保险公司操作风险管理组织体系

11.1.2　量化的风险偏好体系

"管理"就是要调动组织资源实现组织目标。因此要开展风险管理工作，首先需要确定企业风险管理的目标。

在传统风险管理领域，风险管理的主要对象是纯粹风险。当企业面临纯粹风险时，由于纯粹风险并不能带来收益，因此应尽量降低纯粹风险的承担。然而降低纯粹风险的措施必然增加管理成本，因此企业需要平衡的是风险承担可能产生的损失和风险管理成本。

例如，抢劫是银行面临的一类典型的操作风险。美国银行抢劫事件曾一度高发，为此联邦调查局建议银行安装防弹玻璃并增加安保人员，然而这些看似非常必要的建议并没有被银行采纳。事后调查发现，银行普遍认为这些管理措施增加的成本远高于抢劫可能产生的损失。

显然，风险承担可能产生的损失和风险管理成本之间存在相互替代关系，此消彼长，而二者之和就是企业承担纯粹风险而产生的总风险成本，因此企业承担纯粹风险的目标应该是总风险成本的最小化①。这就是传统风险管理领域设定的风险管理目标。

在上述分析中不难发现，其中隐含了企业是风险中性这一假设。在这一假设下，面对同样的风险，企业更可能作出同样的决策，例如前面例子中美国的银行面对抢劫风险的决策。然而，当企业面临投机风险时，企业的决策需要平衡风险与收益，面对同样的风险，不同企业可能会作出不一样的决策，也就是说企业不再表现为"风险中性"。因此"风险偏好"被引入企业风险管理领域，用来描述这一差异。

"风险偏好"（risk appetite）这一概念用来描述风险主体对待风险的态度。"态度"是个体对特定对象（人、观念、情感或者事件等）所持有的稳定的心理倾向。面对同样的风险，具有不同风险偏好的决策者会作出不同的决策。在微观经济学中，理性人决策的目标是效用最大化，而风险偏好由他/她的效用函数决定。显然企业的风险偏好并不能用同样的方法得到。

因此，在金融领域引入"风险偏好"是为了解决传统风险管理领域"风险中性"假设对金融企业不适用的问题。这种不适用也使得金融企业不能使用传统风险管理领域的风险管理目标——"风险成本最小化"，那么金融企业风险管理的目标应该怎样设定呢？

在金融领域，为了明确风险管理的目标，"风险偏好"被赋予了更直观的定义，即金融机构在追求实现战略目标的过程中，愿意且能够承担的风险类型和风险总量。②

---

① 这里考虑的风险承担可能产生的损失指此类风险的期望损失。如果非预期损失很大，且企业需要为其配置经济资本（例如银行需要为操作风险配置经济资本），那么企业需要平衡的是期望损失与经济资本机会成本的和与风险管理成本。

② 《金融机构风险管理术语》（GB/T 42339—2023）。

因此在设置风险偏好时，应从公司总的风险管理目标角度去考虑。有些公司仅用"保守""稳健"等定性语言进行描述，显然无法起到"风险管理目标"的作用。具有可执行性的公司风险偏好量化目标可以是一个总的目标。总的量化目标可以是确定经济资本总量的置信度。监管机构对监管资本的计量要求中往往会明确置信水平。虽然目前规则Ⅱ没有针对操作风险提出最低资本要求，但要求保险公司计算某些风险最低资本的置信度为99.5%。2012年中国银监会发布的《商业银行资本管理办法（试行）》中规定，商业银行用于计量操作风险资本要求的模型的置信水平不低于99.9%。保险公司在设定经济资本总量的置信度时首先要满足监管要求，在此基础上可以根据经营发展战略、业务目标、参考投资者、评级机构等相关方的态度设定本公司的置信水平。这一概率越高，表明公司风险偏好越稳健。

风险容忍度是风险偏好细化到每一个具体的风险因素而设定的量化的可接受水平。风险容忍度是风险偏好的具体体现，是对风险偏好的进一步量化和细化。例如，对于操作风险可以设定总的操作风险 VaR 限额。当然这需要保险公司有相应的操作风险度量能力。在客观数据不足的情况下，也可以采用本书第8章的方法得到 VaR。①

如果读者通读本书，将会理解对于操作风险的管理既需要量化手段，又不能完全追求操作风险度量的准确性。操作风险的量化归根结底是为了服务于管理，而不是为了寻求一个数学问题的答案。所以在设定公司风险偏好时，不需要担心在度量方法不够客观时设定定量目标是否仅是空中楼阁。我们需要的是一个可执行的管理目标。只要公司内部操作风险量化管理的方法保持一致，那么基于此设置的风险容忍度就能够作为操作风险管理目标。

在风险容忍度下，保险公司可以根据不同业务线或业务单元设定具体的风险限额。风险限额（risk limits）是指金融机构根据宏观经济形势和本

---

① 对于投机风险可以设定为增加单位盈利愿意承担风险的多少，对此本章不作讨论。

机构发展战略所设定的主要风险指标及其控制指标的上下限。操作风险限额的主要风险指标可以是业务线的操作风险 VaR，限额的控制指标可以是根据基于业务线的操作风险 VaR 设定的一系列操作风险关键指标的上下限。

风险偏好、风险容忍度、风险限额构成了层层分解的一套风险管理目标，称之为风险偏好体系，也可以称为风险偏好传导体系。保险公司可以建立如图 11.4 所示的风险偏好体系。

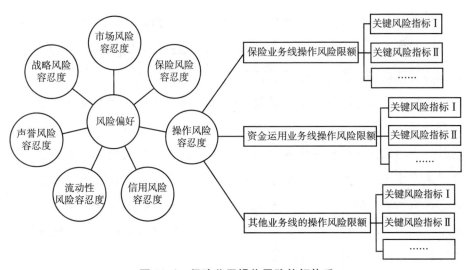

图 11.4　保险公司操作风险偏好体系

规则Ⅱ要求保险公司结合公司的业务发展战略和当前的风险状况，制定风险偏好，采用定性和定量相结合的方式确定各类风险的风险容忍度和风险限额，就是要求保险公司建立一套完整的风险偏好体系作为公司的风险管理目标。

公司风险偏好体系由管理层制定、董事会批准，各职能部门和业务单位在日常经营管理中落实，风险管理部门监督和报告执行情况，并加以定期更新。清晰的风险偏好体系有助于公司形成一个包括目标设置和风险管理层面的动态管理过程，有效提升风险管理水平和企业价值。另外，国际领先保险公司普遍认为在制定并确立公司风险偏好体系的基础上，如何将其有机嵌入公司管理中，使经营行为与战略目标始终保持一致，减少执行失误是当前面临的主要挑战。要应对这些挑战就需要保险公司实施操作风险的全面量化管理。

11.1.3 操作风险报告机制

保险公司操作风险管理框架还应包括一套合理有效的报告机制。操作风险内部报告机制由操作风险事件报告机制和操作风险定期报告机制组成，机制应包括报告的责任、路径、频率等。

操作风险事件报告机制：保险公司可以根据自身的组织架构，设置各个操作风险单元的负责人，使其清晰理解操作风险的内涵和操作风险事件的外延。明确操作风险事件发生后，由谁负责、向谁汇报、由谁调查、由谁录入操作风险数据库。明确造成多大损失的操作风险事件应向首席风险官、风险管理委员会汇报，即重大操作风险阈值。阈值太低，会增加管理成本，阈值太高会使一些操作风险事件无法得到应有的重视。因此保险公司应该根据风险偏好、操作风险容忍度、自身规模、管理水平等实际情况选取科学合理的重大操作风险事件阈值。

操作风险定期报告机制：保险公司风险管理部应在操作风险识别、分析、监控基础上，定期向高级管理层及风险管理委员会汇报操作风险管理情况。规则Ⅱ要求向高级管理层汇报的频率是至少每半年汇报一次，高级管理层应至少每年向风险管理委员会汇报一次。定期操作风险管理报告的具体内容主要包括：当期的操作风险诱因情况、关键风险指标情况、重大操作风险事件、操作风险损失、操作风险管理措施、操作风险预算管理、操作风险经济资本、操作风险绩效评测、操作风险评估模型、压力测试情况等。

11.2 操作风险量化管理工具

11.2.1 操作风险损失事件数据库

风险度量是操作风险量化管理必要的环节，而风险度量的关键是风险事件数据的积累。操作风险的度量需要至少 3～5 年的数据积累。2013 年开始执行的《商业银行资本管理办法（试行）》要求商业银行在使用高级计量法时应具备至少 5 年观测期的内部损失数据。2022 年开始执行的规则Ⅱ要求保险公司建立操作风险损失事件库。虽然我国亦有一些大型保险公司已经建立了操作风险损失事件数据库，但总体来看我国保险公司操作风险损失事件数据库的建设略显落后。

建立操作风险损失事件数据库的第一步：梳理公司内部操作风险损失事件的历史记录。事实上在建立数据库之前，我国保险公司对各类操作风险损失事件已经有了一定的记录。例如，一些优秀保险公司的资金运用部门已经建立了日志，越来越多的操作风险事件得到记录；法律事务部门对法律纠纷有统计，并有相应的工作报告；财务部门对造成赔偿支付、费用支出和各种减值损失的操作风险有财务记录（明细账上记录支出或损失的原因）；内控部门或稽核部门对查处的事故有记录；人力资源部门对员工流动原因有分析和记录；核保核赔部门对保险欺诈、相关诉讼事件有记录。

这些操作风险损失数据积累的主要问题是：第一，记录分散在各部门，不完整、不系统；记录形式不规范、不统一；上报途径不清晰，没有汇总和统计分析。第二，事故记录着重事实、原因，有时也有处罚记录，但部分事故的损失金额没有记录，使得风险值无法度量。第三，一般记录以业务流程分类，而没有按照风险类型分类，给操作风险统计带来困难。

建立操作风险数据库的第二步：对保险公司操作风险进行识别和分类（见第4章）。

建立操作风险数据库的第三步：建立数据质量管理机制。被遗漏、污染和虚假的数据不但会造成错误和不完整，而且会产生误导。由于操作风险损失数据的收集对操作人员依赖性高，因此公司必须建立书面规程，明确管理责任，确保操作风险损失事件相关数据的收集符合时效性、准确性、一致性和完整性的要求。并建立独立审查损失数据全面性和准确性的流程。

建立操作风险数据库的第四步：在操作风险识别和分类的基础上，对以往操作风险损失事件记录进行系统的整理和统计，并制定统一的记录规则和审批、入库流程。

操作风险损失事件记录规则包括：

（1）操作风险损失事件的收集标准：明确操作风险的内涵和操作风险事件的外延。需要注意的是，公司应尽量在明确收集标准时考虑到操作风险和市场风险、信用风险的相关性。罗森博格（Rosenberg）与舒尔曼（Schuermann）估计市场风险及信用风险同操作风险相关性大约都是20%。[①] 因此，对于同时由多个大类风险原因（市场风险、信用风险、操作风险）造成的损失事件可以采用近因原则来确定损失原因。当多个原因均为近因时，可以借助拓扑数据模型记录风险原因间的关系，并对此类事件进行单独分析和计量。清晰的事件收集标准可以降低总风险计量过程中处理风险相关性的难度。

（2）收集范围：入库操作风险事件的类型和阈值。值得注意的是，入库阈值过低可能增加管理成本，但入库阈值过高会使得操作风险度量结果高估公司操作风险及其经济资本的估算值，尤其是公司面对监管资本要求时可能高估监管资本。

（3）时效性：操作风险事件从发现到入库的时间要求。

（4）记录内容：

---

① 陆静：《金融风险管理》，中国人民大学出版社2021年版，第363页。

①事件日期信息：包括事件的发生或第一次开始日期（发生日）（在能够获取的情况下）、公司发现事件的日期（发现日）、在公司利润表中被认定为损失或计提减值准备的日期（记账日）。

②损失形态信息：包括直接经济损失和其他间接影响。经济损失金额，应记录事件总损失金额（各类回收之前的损失）、对总损失金额发生追回的信息（追回是独立事件，与原始损失事件有关但不是同时发生，从第三方获得资金或经济利益流入，如保险赔付、其他合同方赔付、欺诈者的退还款，错误转出的回收等①）及净损失（回收纳入计算之后的损失）。在记录事件总损失金额时以下几方面需要包括在内：第一，由操作风险事件引起的直接费用，包括利润表中的减值以及减记。第二，操作风险事件所产生的其他费用，包括与其相关的外部费用（如直接相关的法律费用和支付给顾问、律师或供应商的费用）和用于恢复到操作风险事件发生之前状态的修理或更换费用。第三，为防止操作风险事件造成潜在损失，在利润表中计提的准备金。第四，操作风险事件损失在利润表中确认前，需要暂记未决损失。

③风险原因：首先，按照近因原则确认一个风险原因作为事件分类依据②，以便支持基于损失分布法的操作风险评估。其次，对于多个原因造成的操作风险损失事件，还应采用拓扑数据模型记录各个原因之间的关系（见第 5 章），以便应用基于拓扑数据模型的影响图方法对操作风险进行整体评估（见第 6 章）。

④其他信息：涉及机构及业务线、事件描述、采取的措施和支持文档（详细程度应与总损失金额的大小相匹配）等内容。

（5）分类原则：采用原因分类原则为基础，可以辅以业务分类原则、

---

① 税务影响（例如，由于操作风险损失而减少的公司所得税）也应在追回信息中记录，并在计算净损失时扣除。

② 如果损失事件同时存在多个近因，则需要人为选择一个对事件影响最大的原因作为操作风险损失事件风险原因进行归类。这种欠缺严谨性的损失原因确认方式是由于一般数据模型存在不足所产生的（见第 5 章）。

归责分类原则等第二分类原则。

对于部分小概率操作风险，在公司内部操作风险损失事件数据不足的情况下，保险公司可以借助外部数据评估操作风险（见第 2 章）。因此保险公司也有必要建立外部数据库。

操作风险损失事件数据库主要服务于操作风险度量、评估与分析。为了对公司操作风险管理提供支持，保险公司还可以建立以下数据库：

内部规章数据库：梳理内部规章制度，提供关键词检索，对易违规的操作进行提示，辅助员工学习和培训。

法律法规数据库：整理与公司经营相关的外部现行法律法规，尤其注重对法律法规在本公司内的执行方法进行说明，对相关部门易违规的操作进行提示，降低法律风险。

业务流程数据库：对公司业务流程进行梳理和记录，并定期结合操作风险损失事件进行流程分析和优化更新，控制流程类操作风险。

措施数据库：根据操作风险损失事件库中记录的操作风险事件处理措施，分类整理并分析优化，形成处理措施标准，并对非标准事件设置汇报机制。

各类数据库还应设置搜索查询功能，以便有关人员在操作风险管理过程中和发生操作风险事件后及时有效采取措施。

11.2.2　操作风险关键风险指标库

操作风险关键风险指标库主要起到风险监控和预警的作用。因此，应选择与操作风险损失、操作风险控制措施有效性或操作风险变化趋势等有较强相关性和敏感性的指标，并且计算这些指标的数据来源应尽量可以从业务信息系统、财务信息系统等公司内部各类信息系统内采集，以便满足指标的时效性和真实性要求。

保险公司可以根据操作风险识别和分类的结果，针对原因分类原则得到的每一个操作类型的风险原因，通过逻辑分析和管理经验设定公司级操作风险关键风险指标，并可以进一步针对二维分类法（原因分类原则与业务分类原则或归责分类原则结合）得到的风险单元进行关键指标分解或专项关键指标设置，这一过程需要操作风险管理部门、业务部门和信息系统及数据管理部门共同参与。关键风险指标的有效性可以通过定期回溯来验证，并进行动态调整。

例如，针对内部人员不合规行为的公司级关键风险指标可以是每亿元保费内部违规次数及损失率，风险单元指标分解可以为分支机构相应次数及损失率、两核部门相应次数及损失率等。针对雇佣关系的公司及关键风险指标可以是关键岗位人员和营销员流失率，这一指标同样可以进行风险单元分解。

有一些在建立操作风险关键风险指标库前已经被使用的操作风险关键指标可能反映多种原因导致的操作风险事件情况，例如，亿元保费投诉率、重大案件千人发案率、案件风险率等，这些指标应单独标注并谨慎使用。对这类指标应尽量针对风险原因进行分解，以便在超过阈值触发预警时能够及时采取相应措施。有些学者将其认为是与风险相关的环境类指标，但本书并不赞同。除非有明确证据证明此类指标与某一大类操作风险损失或某一业务线操作风险损失存在相关性，否则这类指标的监控信息在操作风险管理实践中无法发挥很好的作用。但此类指标有时会被监管机构或外部评级机构等作为判断保险公司操作风险严重程度的参考性指标，因此保险公司也应进行监控。同时，还应区分此类指标与保险公司操作风险总体监控指标的区别，操作风险总体监控指标应该反映保险公司总体操作风险损失情况，例如，操作风险损失率，一般用近三年操作风险损失事件的损失金额总和与近三年平均营业收入的比值表示。

关键风险指标库记录的内容应至少包括：

指标名称、指标作用（反映的风险类型、指标层级、对应的风险单元）、指标计算方法、数据来源、测算频率、预警值、预警信息发送对象、指标有效性（回溯记录等）。

操作风险管理部门除了定期对公司级关键风险指标监测结果进行整体

分析与评估外，还应该定期将风险单元的关键风险指标监测结果反馈给相应的业务部门及职能部门，并辅助相关部门进行分析与评估。

操作风险关键风险指标初始预警值的确定可以根据经验设定，当有足够数据进行回溯后，应基于关键风险指标与业务线操作风险期望和操作风险 VaR 的关系，结合操作风险偏好体系，更科学客观地设定预警值并定期检验。

11. 2. 3　操作风险管理信息系统

操作风险管理信息系统是成功实现风险偏好和风险量化管理的有效保障，一个好的操作风险管理信息系统可以让风险偏好管理的运作效率得到提升，让风险数据信息得到更有效的利用，并辅助各项操作风险管理措施的实施。

规则Ⅱ要求Ⅰ类保险公司应当建立满足自身风险管理要求的风险管理信息系统，并至少每年评估风险管理信息系统的有效性，并根据风险管理以及内部控制的变化作适当的调整。风险管理信息系统至少应实现以下功能：第一，与业务、财务等相关系统对接，实现风险管理相关数据的采集、加工，关键风险指标的计算、存储、查询和导出；第二，支持风险容忍度、风险限额和关键风险指标管理，尤其是对超限额指标的预警和管理；第三，以关键风险指标为基础，对保险风险、市场风险、信用风险、操作风险、战略风险、声誉风险和流动性风险的风险状况进行列示、分析和预警；第四，风险管理报表与报告的生成和传递，并留档备查；第五，风险管理信息在各级分支机构、各职能部门之间的汇总和共享，并能够按照不同访问权限区分风险信息列示的内容。Ⅱ类保险公司可根据自身实际决定是否建立风险管理信息系统，或在其他信息系统中实现有关功能。

在实现以上功能过程中要注意，由于操作风险可能存在于公司各个领域中，因此要根据操作风险损失事件数据库和关键风险指标库的要求，选择与操作风险管理子系统对接的公司其他信息系统，这一范围会超过保险风险、市场风险、信用风险等其他风险所需要的范围。

11.2.4 操作风险自评估

规则Ⅱ要求保险公司加强对操作风险的识别、分析、管理与防范，每年至少要对操作风险的管理状况和效果进行一次自评估，识别操作风险管控中存在的问题并持续改进，至少每半年向高级管理层报告一次操作风险管理情况。要制定符合管理实际、操作性强的评估实施细则，关注控制的健全性、合理性和有效性，可以选择将自评估工作与内控评估工作进行整合，在梳理内控矩阵或修订内控标准手册时加入操作风险矩阵内容。自评估报告应该能够反映出整个公司的操作风险状况、主要的发展趋势及对未来的担忧。

保险公司在设计自评估内容时要充分结合公司历史上各类检查结果、监管处罚结果等。评估内容受评估专家专业能力、经验影响，具有一定局限性，可以借鉴同业自评估内容，采取征求意见等方式扩大涉及人员范围，从而不断完善、丰富自评估内容，提高自评估设计的全面性、有效性。

操作风险自评估的内容应由操作风险损失评估和操作风险管理评估两部分组成。

11.2.4.1 操作风险损失评估

操作风险损失评估可以从风险影响程度、发生频率、控制效率等方面对已识别的各类型风险进行分项分析和评价。可以根据公司操作风险损失事件数据库的历史数据的充足性选择合适的操作风险总损失评估方法。可以利用一般数据模型数据采用损失分布法对各业务线操作风险、各类型操作风险、各二维分类单元进行操作风险损失评估。利用拓扑数据模型数据结合一般数据模型数据，采用基于拓扑数据模型的影响图方法对操作风险进行整体评估。

保险公司还可以进行操作风险压力测试。操作风险压力测试是用于分析假定的、极端的但可能发生的不利情景对金融机构整体或业务线的冲击程度，进而评估其对资产管理、盈利能力、资本水平和流动性的负面影响，评估操作风险管理和监控的工具及工作流程，并识别潜在的风险点和薄弱环节。

压力测试分为情景法测试、敏感性测试和反向压力测试三类。情景法测试评估多种风险因素，同时联动变化情景下对公司的负面影响；敏感性测试评估某一特定风险因素的变动，对公司的负面影响；反向压力测试，针对特定风险因素，反向评估风险容忍度、风险限额不达标时该风险因素的不利变动幅度。保险公司应根据压力测试结果采取有效的操作风险管理措施。

压力测试情景设计可以采用历史情景法和假设情景法，或两者相结合。历史情景法将历史上曾经发生过的重大压力事件明确定义下来作为压力测试情景。基于拓扑数据模型的历史数据记录了多种风险原因导致的复杂操作风险事件信息，比基于一般数据模型的历史数据更适合用于历史情景的设计。假设情景法，也称专家情景法，是基于专家经验和判断，对驱动因子的压力测试情景进行设定。该方法可以结合当前公司内外部环境，因此具有前瞻性，其缺点主要是情景设定的主观性较强。将历史情景法和假设情景法相结合可以弥补这一不足。

由于操作风险和保险风险、市场风险、信用风险可能具有相关性，公司整体风险管理压力测试设计也可以包含多类风险的更复杂的压力测试情景，此类压力测试不需要列入操作风险自评估报告中，可以包含在保险公司整体风险评估报告中。

11.2.4.2 操作风险管理评估

操作风险管理评估应包括：操作风险自评估需要覆盖公司所有业务线和职能部门，因此需要明确操作风险自评估工作中牵头部门和配合部门的职责。为了减少评估成本，应尽量发挥信息系统优势，首先生成量化的基础评估数据，再由相关业务线和职能部门根据量化数据进行操作风险管理评估。并将部门自评估与风险管理部、内控合规部、审计部的外部评估结果相结合形成部门总评估报告。操作风险管理评估应至少包含：业务线的内部控制程序和流程的有效性，操作风险管理措施的有效性，操作风险类型是否发生变化，是否有潜在操作风险发生的可能，操作风险管理持续改进措施等。操作风险管理评估可以借助基于模糊认知图和贝叶斯网络的操作风险研究模型（见第 9 章）开展量化评估。

保险公司除了要开展定期的操作风险自评估外，在新业务、新产品上线，公司管理流程或体系有重大变化时应及时开展针对性的操作风险识别与评估。

11. 2. 5 人工智能在操作风险管理中的应用

2017 年被称为人工智能元年，近年来包括人工智能在内的保险科技给保险行业带来了巨大的变革。目前，人工智能在操作风险管理领域的应用主要有以下三类：智能风控、辅助审计监督、流程优化。

11. 2. 5. 1 智能风控

智能风控主要应用于反欺诈、反洗钱等。

人工智能在反欺诈领域的应用，主要通过使用积累的海量数据，应用机器学习技术对潜在的欺诈案件进行挖掘和追踪。减少传统案件处理过程中的人为不确定因素，节约人力成本。合成身份欺诈分析使用合法的外部第三方数据来分析新客户身份档案的深度和一致性。例如，阳光产险在信用保险事业部承保审核环节，运用知识图谱，将贷款申请人信息及关联的历史贷款人信息、社会关系等数据联通，多维化、可视化展示，帮助业务人员进行深度分析和预测。中国人寿新一代综合业务处理系统的智能反诈平台，使调查人员工作量降低 30% 左右，对欺诈行为的拒赔提高了 60%。

人工智能在反洗钱领域的应用，主要是反洗钱可疑交易行为预警。采用复杂网络关系发现算法，通过线性的时间消耗，计算出节点数量随指数级增长的复杂网络关系，在短时间计算出所有客户的资金网络关系，用于发现犯罪团伙和异常行为。用机器学习模型取代规则驱动的警报可以减少误报，并将资源集中在实际需要调查的案件上。一家国际银行开发的识别不可接受的反洗钱误判的算法成功率达到了96%。

11.2.5.2　辅助审计监督

利用知识图谱探索可以审计问题，利用人工智能算法构建"隐性关系"识别模型，识别潜在关系，发现审计线索。一家北美银行在评估行为风险暴露时，使用高级分析模型监控2万名雇员的行为模式，在发生严重问题之前识别出不必要的异常。行为分析引擎通过将销售、产品、激励和客户投诉之间的点联系起来（例如，保险代理人在接近薪酬断点时触发的交易）可以识别可疑的销售模式。交易监控分析可以挖掘交易和沟通模式，寻找潜在的行为风险标记。自然语言处理技术可以辅助分析客户投诉，业务人员与客户的不当沟通、对照客户提供的信息和监管规则检查决策、披露和备案的准确性。

11.2.5.3　流程优化

人工智能可以从三个方面对业务流程进行优化，提高业务、服务精准率，减少操作失误。一是从数据到预测（可用模型：机器学习、神经网络、决策树等）。采用监督学习模型，Agent（自主活动的软件或者硬件实体）通过带标签的训练数据学习，使用精确度、预测度、回忆率等来描述学习算法的质量，可以将输入与输出关联起来，从而帮助业务流程优化（Ian，2011）。二是从预测到决策（可用模型：效用理论等）。效用理论允许Agent在有限或无限决策视野和给定的偏好下评估不确定和冲突的情况，这些偏好以效用或奖励函数的形式表现出来。AI决策可以通过现有的最佳实践（黄金标准）进行评估，可以作为业务流程中作出决策的基础（Mykel，2015；Max，2013）。三是从决策到行动（可用算法：搜索算法等），AI能开发由"状态"和"动作"描述世界的离散模型，其中"动作"的效果能决定 Agent 在执行动作时的下一个"状态"。"状态"和"动作"可以定义搜索空间，其中"状态"是基础图的节点，"动作"是"状态"之间的过渡。通过这种模型编码技术和应用不同的策略可以探索大的搜索空间，如果搜索空间存在解，算法可以在搜索空间中找到并返回一个基于某些给定优化函数的最优解。搜索算法在优化解决业务流程管理中的规划、调度等方面具有较多应用（Hamdy，2017；Jeff，2013）。

使用计分卡法（Scorecards）评估操作风险在构建模型的时候就利用了第二类人工智能的方法，该方法对数据的要求较低，但需要引入多项具有前瞻性的操作风险量化指标（范洪波，2009）。且其不依赖实际登记的损失数据，对潜在的操作风险及其环境变化较为敏感，能反映出特定对象的操作风险水平、来源和起因，以及业务操作流程的质量（刘睿，2010）。

另外，人工智能技术也广泛地应用在保险公司的各个业务领域，例如智能获客与精准营销、智能认证、智能保险顾问、智能核保承保、智能理赔、UBI（usage based insurance）、保险标的风险提示的智能推送等，这些新技术的使用在提高效率、降低成本的同时也对操作风险管理带来了新的挑战。保险公司在采用这些技术时，不论采用外包方式还是自建方式都要关注可能产生的操作风险，并采取积极的管理措施。

11.3 操作风险量化管理措施

操作风险属于纯粹风险。纯粹风险管理措施的选择与纯粹风险的损失事件发生频率（简称损失频率）和一次损失事件产生的损失大小（简称损失强度）有关（如图 11.5 所示）。

低频低损类操作风险，对保险公司影响较小，保险公司完全可以采取主动地自我承担，即主动自保。对于高频低损类操作风险，保险公司应通过风险控制措施降低事件发生的频率，将其转化为低频低损类操作风险。对于低频高损类操作风险，保险公司可以采取风险转移的方式降低其对保险公司的影响，如果无法转移，保险公司只能采取被动自保的方式承担此类风险。

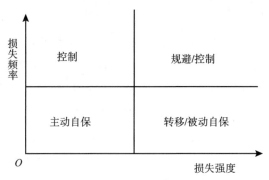

图 11.5　操作风险管理措施

对于高频高损类操作风险，保险公司实际经营过程极少面对，因为保险公司一旦发现高损失事件发生，必然非常重视并采取风险控制措施降低损失强度，预防未来再发生此类事件（控制发生频率），从而将此类操作风险转化为低频低损或低频高损类风险，不会允许此类风险事件高频发生。如果此类风险无法有效控制或控制成本过高，并且经济效益较低或对公司战略实施没有积极意义，保险公司应采用风险规避的措施。

综上可见，保险公司需要对各类型操作风险进行损失频率和损失强度的评估，基于此实施合理的管理措施。操作风险量化管理措施主要有三类：风险控制、风险转移、风险自保。

值得说明的是，有些金融风险管理领域的文章或监管文件中，在提及风险管理措施时会使用"风险缓释"一词，该词多用于金融风险中的信用风险管理中，后来在其他金融风险管理，包括操作风险管理中也有使用。"缓释"来源于英文"mitigation"，其动词为"mitigate"，意思是严重性或痛苦降低。因此操作风险的"风险缓释"指发生风险事件后，通过采取措施减低损失。主要指前文操作风险损失事件记录规则①中提到的对总损失追回的措施，例如保险赔付、其他合同方赔付、欺诈者的退还款、错误转出的回收等。因此风险缓释既包含了风险转移，又包含了风险控制的部分措施，有些文章或文件将"风险缓释"和"风险控制"并列，作为操作风险管理措施，严格来讲不够科学。这种表述的初衷是强调对操作风险的管理措施既包括事前的"风险控制"，也包括事后的"风险缓释"。然而一些风险管理措施是覆盖事前和事后全过程的，例如事前投保、事后索赔；事前制定应急预案，事后执行应急预案等。因此，需要注意的是即使事后可以进行"风险缓释"，也应该清楚这些"风险缓释"措施应该包括在事前制定好的操作风险管理措施中。

11.3.1 操作风险的控制

风险控制是纯粹风险管理的重要管理措施。风险控制是指在总风险成本最小化的条件下，所采取的防止或减少风险事故发生及所造成的损失的行动。主要包括防损措施（即降低事故发生频率的行动）和减损措施（即降低事故所造成损失的行动）。

在操作风险量化管理中，可以利用操作风险评估结果和敏感性分析，对各种操作风险控制措施进行成本效益分析，以总风险成本最小化为目标，设定风险控制措施的优先级，制定风险控制成本预算，做出风险控制的最优决策。

操作风险量化管理的控制措施主要有以下几方面。

11.3.1.1　基于操作风险数据分析完善业务流程、工作手册

定期通过对操作风险历史损失事件数据的分析，尤其是基于拓扑数据模型的历史数据，结合实地调研、人工智能流程优化等手段，查找销售、

---

① 详见第 11.2.1 节操作风险损失事件数据库。

承保、理赔、再保险等保险业务，以及资金运用、公司治理、信息系统等条线内部业务流程的漏洞和不合理之处，并提出流程优化改进方案，通过建立严格的流程管理制度固化流程优化工作机制。定期通过对操作风险历史损失事件数据的分析，查找易发生操作风险事故的操作节点，在工作手册中列明防止相关操作风险事件的指导做法和发生操作风险事件的应急措施。在全面流程管理的基础上，对公司重要业务事项和高风险领域实施重点控制。定期借助操作风险历史数据分析，对业务流程和工作手册等指导文件开展讨论和更新，在此基础上定期更新内部规章数据库、法律法规数据库、业务流程数据库、措施数据库。建立有效的业务管理、财务管理、资金运用、风险管理等相关信息系统，将岗位控制、授权审批等内部控制流程嵌入信息系统中，定期对信息系统的适用性、安全性及可靠性进行评估，并不断完善。

11.3.1.2 加强信息系统操作风险管理

定期评估公司信息系统存在的问题和风险，包括系统设计缺陷、软件/硬件故障或缺陷、信息安全和数据质量等方面的风险并通过敏感性分析采取有效的风险控制措施（见第9章）。

11.3.1.3 加强人员管理

员工推动公司业绩，但也是操作风险的潜在来源。加强人员管理是控制操作风险的重要手段。人员导致的操作风险更多地与企业文化、个人能力与动机和监督与激励有关。

保险公司应定期开展针对全体员工的操作风险专题培训，内容主要包括两个方面：通过操作风险管理文化和制度培训加强企业文化，降低员工不良动机；通过操作风险量化管理工具培训提高员工个人能力。

操作风险量化管理工具培训包括：操作风险事件数据库的使用及数据录入规则、操作风险关键风险指标库的使用及预警机制、操作风险信息系统的使用、内部规章数据库、法律法规数据库、业务流程数据库、措施数据库的使用等。确保保险公司各类操作风险量化管理工具能够有效地发挥作用。

操作风险管理文化和制度培训包括：操作风险管理制度、操作风险管理考核机制、操作风险自评估制度、职业道德行为规范、公司风险管理文化等。

保险公司可以通过职责分离、授权和层级审批等机制，形成合理制约和有效监督，建立关键岗位定期轮岗制度、离岗审计制度，加强对关键岗位人员的监督，并设置更加合理的操作风险管理激励机制（见第 11.3.4 节）。

11.3.1.4　对操作风险进行专项审计和监督

保险公司要充分发挥审计相对客观、独立的监督功能，对操作风险管理工作进行定期的专项监督评估，监督评估的内容包含操作风险管理制度的有效性和执行有效性。有条件的保险公司还可以聘请外部审计机构来进行此项工作，从独立的第三方角度来作出客观的监督评估，以此来增强监督评估的客观性和有效性，使保险公司能够更准确地把握操作风险管理工作存在的难点与问题，提升操作风险管理水平。

11.3.1.5　建立操作风险应急管理机制

操作风险应急管理机制虽然不能降低操作风险事件的发生频率，但却能控制事件发生后造成的最终损失，并减少操作风险事件给保险公司声誉带来的负面影响，尤其是确保保险公司的业务连续性，提高运营韧性。因此保险公司应建立有效的操作风险应急管理机制。

操作风险应急管理机制由重大操作风险事件应急预案和普通操作风险事件处理措施组成。

保险公司操作风险重大事件应急预案包括核心业务应急预案、计算机系统及通信应急预案、灾害应急预案等。应急预案除了减少事件损失、降低公司声誉风险、确保业务连续性的措施外，还应包括及时有效操作风险事件损失融资措施，以防范操作风险向流动性风险转化。应急预案还应包括合理的预案启动的标准。客观的预案启动标准可以结合关键风险指标预警机制来设置，根据单一指标或多指标设定启动门槛。同时也要允许在特殊情况下管理人员采用主观判断作为应急预案启动标准。无论采用客观标准还是主观标准，都应明确哪一级别管理人员可以发布应急预案启动的指令。

无法达到应急预案启动标准的普通操作风险事件的处理措施应包含在工作手册及措施数据库中，以便事件发生后相关人员能够及时采取有效措施。

11.3.2　操作风险的转移

风险转移（risk transfer）是指通过合同或非合同的方式将可能的损失转嫁给其他经济主体，同时也转让对应的可能收益的策略。风险转移的手段主要包括商务合同、保险、金融合同或衍生品。操作风险转移的主要手段是前两者。

商务合同方式的风险转移是指在签订外包合同、服务合同时，保险公司可以通过对可能产生的操作风险损失的责任约定将风险转移给合同另一方。近年来，保险行业专业化发展趋势明显，尤其是保险科技服务的采购越来越多样化。保险公司首先应该在与外部供应商签订的服务合同中设置风险转移条款。并在开始履行合同后，加强对供应商的监督管理，一方面降低供应商引发操作风险的概率，另一方面确保其有能力履行风险转移条款，例如监督其购买必要的保险、监督其财务状况等。其次，应该为供应商服务中断设计应急预案，并可以开发模型，量化对关键供应商的依赖，以推动更好的业务连续性规划，并在供应商评估和选择中加入操作风险视角。

保险是转移低频高损类操作风险的有效手段。可以承保操作风险的相关保险产品如表11.1所示。

表 11.1 操作风险相关保险产品

序号	产品名称
1	雇员忠诚保险
2	计算机综合保险
3	财产保险
4	营业中断保险
5	商业综合责任保险
6	公司董事及高级管理人员责任保险
7	网络安全保险
8	电子设备保险
9	未授权交易保险
10	错误与遗漏保险

随着新险种的开发，我国保险公司管理操作风险可利用的险种越来越丰富，但险种种类和保障范围仍然有扩展的空间。例如，我国保险公司可以提供针对操作风险的银行业综合保险，却缺少保险业综合保险。当然，作为经营保险产品的专业机构，保险公司采用保险手段管理自身风险比之银行更加灵活有效。但需要注意的是保险公司应由风险管理部牵头，组织有关保险专家，根据操作风险量化分析结果，制定统一的保险安排，防止一些风险或标的漏保或重复投保，并合理确定免赔额、责任限额等投保条件，甚至可以采用分层保险、再保险等更加个性化的保险方案，确保合理有效的利用保险手段管理操作风险。保险采购实施可以由其他部门执行。如法国安盛公司在总部和分支机构共同实施了再保险策略。另外，保险公司在选择操作风险相关保险的承保人时，应该注意尽量避免向本公司和关联机构购买保险，除非本公司或关联机构对相关保险进行了再保险，并且自留风险在本公司操作风险计量时已经包括在内。

操作风险是自留还是转移是风险管理决策问题，要进行经济效益的分析和比较。保险公司可以通过数据库中记录的风险事件总损失金额发生追回的信息（保险赔付、其他合同方赔付等），评估风险转移措施的经济效益，为确定投保方案、其他合同谈判条件等提供量化管理支持。但需要注意的是，是否采取风险转移措施不能仅考虑直接的成本收益，对于那些可能产生高额损失的事件，风险转移可以避免对公司流动性产生不利冲击，这种影响应在决策中予以考虑。

11.3.3 操作风险的自保

自保指经济单位预测在未来一定时期内将会发生某种灾害或意外事故造成损失时，自己预先提留一定的货币和实物，作为对可能发生的损失进行补偿的后备基金。保险公司的操作风险自保方式有两种：通过预算管理应对操作风险预期损失，通过经济资本应对操作风险非预期损失，如图11.6所示。

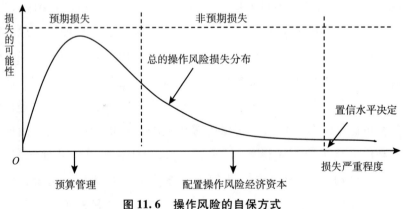

图 11.6 操作风险的自保方式

11.3.3.1 操作风险预算管理

规则 Ⅱ 要求保险公司应当建立健全全面预算管理制度：第一，保险公司应当结合风险偏好，制定科学合理的业务规划，结合经营需求开展全面预算工作；第二，保险公司应当明确全面预算的管理架构、职责分工、工作程序、审批流程、考核要求等事项；第三，制定业务规划和全面预算时，应当由风险管理部门开展独立的风险评估，分析业务规划和全面预算的重要风险因素及其影响，针对性制定相应管控措施，确保业务规划和全面预算符合公司风险偏好。业务规划和全面预算在提交董事会审批之前，需经首席风险官审批。

为了实施操作风险量化管理，在全面预算管理时，操作风险成本（包括期望损失和风险控制成本）应包含在全面预算的制定中。这里的操作风险成本不能仅考虑基于操作风险历史成本的估计值，而应是根据公司风险偏好体系及当年度操作风险管理目标设置的具有指引性和控制力的成本目标。理想的全面预算管理应该尽量在部门预算设置中包含操作风险管理预算，当然这将带来较大的挑战。

11.3.3.2 操作风险经济资本

在给定置信度下，吸收风险产生的非预期损失所要求的资本被称为风险资本或经济资本，经济资本的提法更普遍一些。为风险配置经济资本是金融机构为了保证持续经营根据自身风险偏好作出的风险管理决策。经济资本的测算方法由金融机构自己决定。而监管资本指监管当局规定金融机构必须持有的资本。监管资本需要按照监管当局制定的规则和方法统一计算，以保证公平竞争。可见金融机构为了应对风险持有监管资本只是风险管理的最低要求和被动措施，而为风险配置经济资本却是金融机构积极主动的风险管理措施。当然，实务中由于一些中小金融机构风险度量能力不足以科学计量经济资本，造成其只能以监管资本代替经济资本，但是行业领先的金融机构往往都积极建设自身的经济资本计量能力，以便在实现有效的风险自保同时提高资本使用效率。

虽然我国保险公司偿付能力监管规则Ⅱ没有提出对操作风险配置最低资本的监管资本要求，但已经提出了建立操作风险损失数据库等要求，显然监管机构已经向提出操作风险监管资本要求迈出了第一步。那么我国保险公司是否能坐等监管资本计量方法的出台呢？至少对于Ⅰ类保险公司不能如此被动。

一方面，为风险配置经济资本是保险公司自身操作风险量化管理的需要。另一方面，在全球经济疲软的环境下，巴塞尔协议Ⅲ和欧盟Solvency Ⅱ在监管资本要求上都体现出高标准、严要求的趋势，并且监管资本与经济资本日益分歧化而不是融合化。因此，保险公司必须加大在操作风险经济资本计量方面的投入。

巴塞尔协议Ⅱ提出的操作风险资本计量方法虽然不是非常成熟，并且已被巴塞尔协议Ⅲ取代，但其提供了一条经济资本计量由简入繁的路径，即基本指标法、标准化法以及高级计量法。

基本指标法，采用银行三年总收入的平均数来计算操作风险监管资本，计量的比例为15%。优势在于方法简单，易于操作，但操作风险的敏感性较低。在标准法中，银行业务被分为8个业务线，采用各个业务三年总收入的平均数来计算监管资本，计量比例有三档，分别为12%、15%、18%。此方法与基本指标法没有实质性变化。

高级计量法是指银行采用一定的定量和定性标准，通过内部的操作风险计量系统计算监管资本的方法。使用高级计量法必须获得监管当局的批准。高级计量法的基本思路是统计分析操作风险事件的损失，通过对操作风险损失分布的分析来确定监管资本，属于本书第2章介绍的损失分布法。高级计量法具有比较好的风险敏感性但较为复杂，并且对历史损失数据要求较高。

操作风险度量是计算经济资本的基础，好的度量方法能够提高经济资本计量的准确性。目前，国外大型寿险公司不仅普遍采用操作风险经济资本度量的校准模型（情景分析、计分卡法、压力测试等）、统计模型（内部衡量法、损失分布法、极值法等）和过程模拟模型（因素分析法、贝叶斯网络法等）等计量方法，还积极开发内部模型度量方法。本书提出的基于拓扑数据模型的影响图方法是过程模型和统计模型的结合。

从操作风险量化管理的角度看，经济资本除了风险自保的功能外，还可以用于风险管理绩效评定，如风险调整回报率、资本充足率等。

11.3.4 操作风险管理激励机制

在委托代理关系下，委托人与代理人存在利益不一致，而在信息不对称和契约不完备条件下，代理人在经营中必然采取利己行为，科学合理的激励机制是有效解决委托代理问题的重要手段。管理激励机制对于受人为因素影响巨大的操作风险来说尤为重要。操作风险管理激励机制主要包括三个方面：风险绩效考核、操作失误处罚、观念文化与精神激励。

11.3.4.1 风险绩效考核

根据规则Ⅱ，银保监会在评估保险公司操作风险时，会对公司绩效管理进行评估。规则Ⅱ要求保险公司应当在偿付能力风险管理制度中明确偿付能力风险管理考核评价方法，将风险管理制度健全性和遵循有效性纳入对部门及高级管理人员的绩效考核体系，增强各级管理人员的风险意识和责任。其中，Ⅰ类保险公司风险管理制度健全性、遵循有效性相关指标的权重应当符合以下要求：第一，在产品销售、产品管理等业务部门及分管该部门的公司高级管理人员的考核指标中，风险管理制度健全性、遵循有效性相关指标的权重不应低于20%；第二，在财会、投资、精算等职能部门及分管该部门的公司高级管理人员的考核指标中，风险管理制度健全性、遵循有效性相关指标的权重不应低于30%；第三，在风险管理部门及分管该部门的公司高级管理人员的考核指标中，风险管理制度健全性、遵循有效性相关指标的权重不应低于50%；第四，其他与风险管理有关的职能部门及分管该部门的公司高级管理人员的考核指标中，风险管理制度健全性、遵循有效性相关指标的权重不应低于15%。Ⅱ类保险公司可根据本条原则，结合公司自身管理实际情况设置风险指标考核权重，但不得为零。规则Ⅱ要求保险控股型集团母公司应当在偿付能力风险管理制度中明确偿付能力风险管理考核评价方法，将风险管理制度健全性和遵循有效性指标纳入对高级管理人员、风险管理部及相关部门、保险成员公司风险管理条线的绩效考核体系，增强各级管理人员的风险意识和责任。《保险集团公司监督管理办法》中也有类似规定。

在操作风险量化管理过程中实施风险绩效考核，应考虑操作风险评估结果。但需要注意的是，在使用操作风险损失度量结果时，不能直接将业务线、部门或操作风险单元的操作风险损失用于绩效考核，应该使用风险调整的绩效，或者业务量调整的操作风险损失。因为操作风险与业务量具有正相关性，这一结论已经被证实。巴塞尔协议Ⅱ中的标准法和巴塞尔协议Ⅲ中的新标准法都基于这一结论。另外还需要注意，在使用操作风险损失度量结果时，不能使用绝对量，应使用与操作风险管理目标，如操作风险容忍度、操作风险限额相比较的相对量。因为风险管理成本的存在，操作风险管理的目标并不是越低越好。

11.3.4.2 操作失误处罚

由于人员操作而造成的操作失误难以完全避免，而人们又普遍存在"自我保护，躲避惩罚"的动机，因此保险公司需要采取合理的激励机制在激励员工认真工作降低操作失误的同时，鼓励员工在出现失误时及时上报有关部门，以便进行更有效的补救。本书第10章对此进行了专门研究。研究结论显示，当审计成本很小时，公司倾向于采用审计手段从负面激励员工上报事故；当审计成本很大时，公司倾向于给予上报事故的员工较小的处罚甚至一定的奖金来激励员工上报事故，这时的奖金可以看成是公司向员工购买信息的"贿赂金"。对于不同类型的失误事故要根据其可能造成的损失、审计难度、延误处置造成的损失增加等特点设计不同的工资契约，不能一概而论。

11.3.4.3 观念文化与精神激励

企业文化作为一种非正式制度，具有导向功能、激励功能、约束功能和资源整合功能，良好的企业风险管理文化能够从长期降低操作风险。保险公司应通过宣传、培训、评优评奖等方式强调操作风险管理对公司战略、公司价值的重要意义，提高员工的操作风险管理能力，强调每个部门和每个岗位的操作风险管理责任，形成"人人有责"的良好氛围和积极的操作风险管理文化。

操作风险影响图度量方法数据
收集调查问卷示例

一、保全管理环节操作风险估计

1. 每1000份保单的保全操作中发生操作失误的平均有（　　）次。[您的信心指数：2，4，8，16]

2. "一次保全操作失误"给企业直接造成的最初损失

最可能值是（　　）元人民币。[您的信心指数：2，4，8，16]

可能的最小值是（　　）元人民币。[您的信心指数：2，4，8，16]

可能的最大值是（　　）元人民币。[您的信心指数：2，4，8，16]

3. 如果保全管理流程设计科学合理并且被正确执行，有多少比例的保全操作失误可以被后续流程发现？（请在下面概率描述尺上以"竖线"标出您估计的概率）[您的信心指数：2，4，8，16]

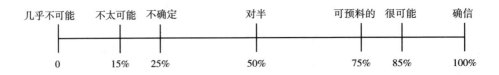

4. "保全操作失误"发生后有两种可能：被后续流程发现；未被后续流程发现而造成操作风险损失事件。其中被后续流程发现的概率是多少？（请在下面概率描述尺上以"竖线"标出您估计的概率）[您的信心指数：2，4，8，16]

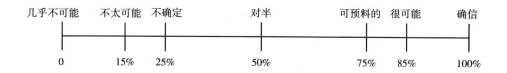

5. 每一次保全操作失误被后续流程发现后，经过处理，企业的最终损失将会减少为最初损失的（　　　）倍。（请给出一个 0 ~ 1 之间包括 0 和 1 的数）[您的信心指数：2，4，8，16]

6. 每一次保全操作失误未被后续流程发现，未经过处理，最终造成操作风险损失事件，企业的最终损失会扩大为最初损失的（　　　）倍。（请给出一个大于等于 1 的数）[您的信心指数：2，4，8，16]

二、核保环节操作风险估计

1. 每 1000 次投保中发生的"投保欺诈"事件平均有（　　　）次。（这里"投保欺诈"是指投保人不实陈述或故意隐瞒等欺诈行为）[您的信心指数：2，4，8，16]

2. 一次"投保欺诈"给企业直接造成的最初损失

最可能值是（　　　）元人民币。[您的信心指数：2，4，8，16]

可能的最小值是（　　　）元人民币。[您的信心指数：2，4，8，16]

可能的最大值是（　　　）元人民币。[您的信心指数：2，4，8，16]

3. 如果"核保方法"设计科学合理并且被正确执行，有多少比例的"投保欺诈"可以在核保中被发现？（请在下面概率描述尺上以"竖线"标出您估计的概率）[您的信心指数：2，4，8，16]

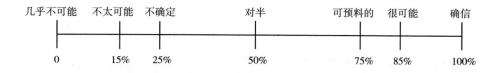

4. 每一次投保欺诈被核保环节发现后，经过处理，企业的最终损失将

会减少为最初损失的（　　　）倍。（请给出一个 0 ~ 1 之间包括 0 和 1 的数）［您的信心指数：2，4，8，16］

5. 每一次投保欺诈未被发现，未经过处理，企业的最终损失将会扩大为最初损失的（　　　）倍。（请给出一个大于等于 1 的数）［您的信心指数：2，4，8，16］

6. 每 1000 次投保中被发现的"投保人告知过失"事件平均有（　　　）次。（这里"投保人告知过失"是指投保人在投保时由于过失提供了错误的投保信息）［您的信心指数：2，4，8，16］

7. "一次投保人告知过失"给企业直接造成的最初损失

最可能值是（　　　）元人民币。［您的信心指数：2，4，8，16］

可能的最小值是（　　　）元人民币。［您的信心指数：2，4，8，16］

可能的最大值是（　　　）元人民币。［您的信心指数：2，4，8，16］

8. 如果"核保方法"设计科学合理并且被正确执行，有多少比例的"投保人告知过失"可以在核保中被发现？（请在下面概率描述尺上以"竖线"标出您估计的概率）［您的信心指数：2，4，8，16］

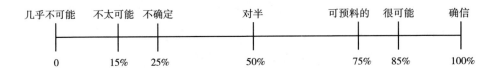

9. 每一次"投保人告知过失"在核保环节被发现后，经过处理，企业的最终损失将会减少为最初损失的（　　　）倍。（请给出一个 0 ~ 1 之间包括 0 和 1 的数）［您的信心指数：2，4，8，16］

10. 每一次"投保人告知过失"未被发现，未经过处理，企业的最终损失将会扩大为最初损失的（　　　）倍。（请给出一个大于等于 1 的数）［您的信心指数：2，4，8，16］

11. 每 1000 件受理的业务中发生"未授权或超权限业务"的平均有（　　　）件。［您的信心指数：2，4，8，16］

12. 一次"未授权或超权限业务"给企业直接造成的最初损失

最可能值是（　　）元人民币。［您的信心指数：2，4，8，16］

可能的最小值是（　　）元人民币。［您的信心指数：2，4，8，16］

可能的最大值是（　　）元人民币。［您的信心指数：2，4，8，16］

13. 如果"核保方法"设计科学合理并且被正确执行，有多少比例的"未授权或超权限业务"可以在核保中被发现？（请在下面概率描述尺上以"竖线"标出您估计的概率）［您的信心指数：2，4，8，16］

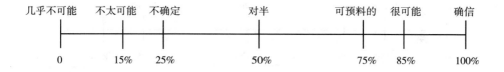

14. 每一次"未授权或超权限业务"被核保环节发现后，经过处理，企业的最终损失将会减少为最初损失的（　　）倍。（请给出一个 0～1 之间包括 0 和 1 的数）［您的信心指数：2，4，8，16］

15. 每一次"未授权或超权限业务"未被发现，未经过处理，企业的最终损失将会扩大为最初损失的（　　）倍。（请给出一个大于等于 1 的数）［您的信心指数：2，4，8，16］

16. 核保失误发生的概率是多少？（请在下面概率描述尺上以"竖线"标出您估计的概率）［您的信心指数：2，4，8，16］

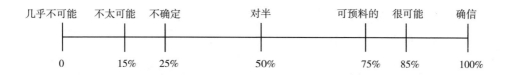

17. 如果核保流程设计科学合理并且被正确执行，有多少比例的核保失误可以被后续流程发现？（请在下面概率描述尺上以"竖线"标出您估计的概率）［您的信心指数：2，4，8，16］

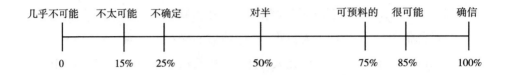

18. 可以被后续流程发现的核保失误真正被发现的概率是多少？（请在下面概率描述尺上以"竖线"标出您估计的概率）［您的信心指数：2，4，8，16］

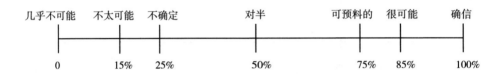

19. 非正常业务或非正常投保的"核保失误"被发现后，经过处理，最终损失将会减少为最初损失的（　　）倍。（请给出一个 0～1 之间包括 0 和 1 的数）［您的信心指数：2，4，8，16］

20. 属于正常业务范围的正常投保的"核保失误"给企业直接造成的最初损失

　　最可能值是（　　）元人民币。［您的信心指数：2，4，8，16］

　　可能的最小值是（　　）元人民币。［您的信心指数：2，4，8，16］

　　可能的最大值是（　　）元人民币。［您的信心指数：2，4，8，16］

21. 属于正常业务范围的正常投保的"核保失误"被发现后，经过处理，最终损失将会减少为最初损失的（　　）倍。（请给出一个 0～1 之间包括 0 和 1 的数）［您的信心指数：2，4，8，16］

三、核赔环节操作风险估计

1. 每 1000 次索赔中发生的"索赔欺诈"事件平均有（　　）次。（这里"索赔欺诈"是指索赔人编造、夸大损失，虚构或伪造保险事故等欺诈行为）［您的信心指数：2，4，8，16］

2. "一次索赔欺诈"给企业直接造成的最初损失

最可能值是（　　）元人民币。［您的信心指数：2，4，8，16］

可能的最小值是（　　）元人民币。［您的信心指数：2，4，8，16］

可能的最大值是（　　）元人民币。［您的信心指数：2，4，8，16］

3. 如果核赔方法设计科学合理并且被正确执行，有多少比例的索赔欺诈可以在核赔中被发现？（请在下面概率描述尺上以"竖线"标出您估计的概率）［您的信心指数：2，4，8，16］

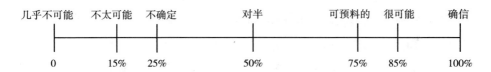

4. 每一次索赔欺诈被核赔环节发现后，经过处理，企业的最终损失将会减少为索赔欺诈未被发现时所造成损失的（　　）倍。（请给出一个 0 ~ 1 之间包括 0 和 1 的数）［您的信心指数：2，4，8，16］

5. 每一次索赔欺诈未被发现，未经过处理，企业的最终损失将会扩大为最初损失的（　　）倍。（请给出一个 0 ~ 1 之间包括 0 和 1 的数）［您的信心指数：2，4，8，16］

6. 正常索赔的"核赔失误"给企业直接造成的最初损失

最可能值是（　　）元人民币。［您的信心指数：2，4，8，16］

可能的最小值是（　　）元人民币。［您的信心指数：2，4，8，16］

可能的最大值是（　　）元人民币。［您的信心指数：2，4，8，16］

7. 正常索赔的"核赔失误"被发现后，经过处理，最终损失将会减少为最初损失的（　　）倍。（请给出一个 0 ~ 1 之间包括 0 和 1 的数）［您的信心指数：2，4，8，16］

8. 如果核赔方法设计科学合理并且被正确执行，有多少比例的核保流程中的错误可以在核赔中被发现？（请在下面概率描述尺上以"竖线"标出您估计的概率）［您的信心指数：2，4，8，16］

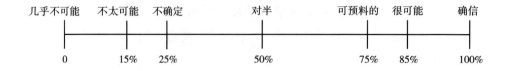

9. 每一次核保流程中的错误被核赔环节发现后，经过处理，企业的最终损失将会减少为索赔欺诈未被发现时所造成损失的（ ）倍。（请给出一个 0～1 之间包括 0 和 1 的数）［您的信心指数：2，4，8，16］

10. 每一次核保流程中的错误在核赔环节仍未被发现，未经过处理，企业的最终损失将会扩大为最初损失的（ ）倍。（请给出一个 0～1 之间包括 0 和 1 的数）［您的信心指数：2，4，8，16］

11. 核赔失误发生的概率是多少？（请在下面概率描述尺上以"竖线"标出您估计的概率）［您的信心指数：2，4，8，16］

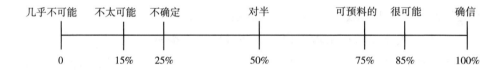

12. 如果核赔流程设计科学合理并且被正确执行，有多少比例的核赔失误可以被后续流程发现？（请在下面概率描述尺上以"竖线"标出您估计的概率）［您的信心指数：2，4，8，16］

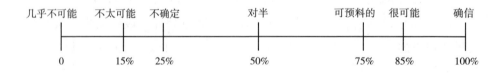

13. 可以被后续流程发现的核赔失误真正被发现的概率是多少？（请在下面概率描述尺上以"竖线"标出您估计的概率）［您的信心指数：2，4，8，16］

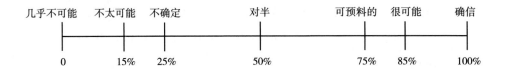

四、单证管理操作风险估计

1. 每1000次单证使用中发生"单证使用违规"（这里"单证使用"包括有关单证的所有操作）的平均有（　　）次。〔您的信心指数：2，4，8，16〕

2. "一次单证使用违规"给企业直接造成的最初损失

最可能值是（　　）元人民币。〔您的信心指数：2，4，8，16〕

可能的最小值是（　　）元人民币。〔您的信心指数：2，4，8，16〕

可能的最大值是（　　）元人民币。〔您的信心指数：2，4，8，16〕

3. 如果单证管理制度设计科学合理并且被正确执行，有多少比例的"单证使用违规"可以被发现？（请在下面概率描述尺上以"竖线"标出您估计的概率）〔您的信心指数：2，4，8，16〕

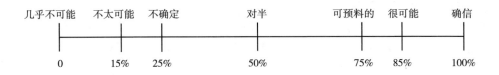

4. 可以被发现的"单证使用违规"真正被发现的概率是多少？（请在下面概率描述尺上以"竖线"标出您估计的概率）〔您的信心指数：2，4，8，16〕

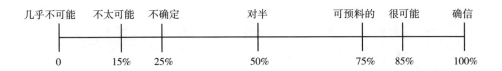

5. 每一次单证使用违规被发现后，经过处理，企业的最终损失将会减少为最初损失的（　　）倍。（请给出一个 0 ~ 1 之间包括 0 和 1 的数）〔您的信心指数：2，4，8，16〕

6. 每一次单证使用违规未被发现，未经过处理，企业的最终损失将会扩大为最初损失的（　　）倍。（请给出一个大于等于 1 的数）〔您的信心指数：2，4，8，16〕

参考文献

[1] 艾献军. 证券公司操作风险及其管理 [J]. 南开经济研究, 2003 (1): 75-76.

[2] 巴曙松. 巴塞尔新资本协议框架下的操作风险衡量与资本金约束 [J]. 经济理论与经济管理, 2003 (2): 17-24.

[3] 巴曙松, 贾蓓, 刘清涛. 新资本充足约束机制下的商业银行全面风险管理体系构建 [J]. 新金融, 2004 (4): 47.

[4] 陈秉正. 论风险管理概念演变的影响 [J]. 保险研究, 2002 (6): 15-16.

[5] 陈迪红, 刘冬梅. 我国财险企业欺诈类操作风险度量研究 [J]. 保险研究, 2017 (2): 84-94.

[6] 陈建军, 车建文, 陈勇. 具有频率和振型概率约束的工程结构动力优化设计 [J]. 计算力学学报, 2001 (1): 74-80.

[7] 陈景润. 组合数学 [M]. 郑州: 河南科学技术出版社, 1985.

[8] 陈倩, 李金林. 基于 g-h 分布的操作风险损失强度分布拟合及风险度量 [J]. 数理统计与管理, 2018, 37 (1): 64-73.

[9] 陈沁, 潘军华, 虞循循, 等. "偿二代" 下人身保险公司的操作风险管控分析 [C]//浙江保险科研成果选编 (2018 年度), 2019: 483-493.

[10] 陈学华, 杨辉耀, 黄向阳. POT 模型在商业银行操作风险度量中的应用 [J]. 管理科学, 2003 (1): 49-52.

［11］陈忠阳．风险的国际协议与国际协议的风险：评巴塞尔新资本协议正式出台［J］．国际金融研究，2004（8）：4－10．

［12］程迪．基于文本挖掘的我国保险业风险点识别与分析［D］．成都：西南财经大学，2022．

［13］D．法尼．保险企业管理学［M］．北京：经济科学出版，2002．

［14］丁光莹．钢筋混凝土框架结构非线性反应的随机模拟分析［D］．上海：同济大学，2001．

［15］丁义明，方福康，范文涛．离散动力系统的密度演化方法［M］．上海：上海科技教育出版社，2000．

［16］樊欣，杨晓光．我国银行业操作风险的蒙特卡洛模拟估计［J］．系统工程理论与实践，2005（5）：12－9．

［17］樊欣，杨晓光．操作风险度量：国内两家股份制商业银行的实证分析［J］．系统工程，2004（5）：44－48．

［18］樊欣，杨晓光．操作风险管理的方法与现状［J］．证券市场导报，2003（6）：64－69．

［19］范洪波．商业银行操作风险高级计量模型的分析与应用［J］．金融论坛，2009，14（5）：32－37．

［20］方洪全，曾勇．银行电子业务运行的风险分析及控制对策研究［J］．系统工程，2004（3）：62－65．

［21］冯乾，游春．操作风险计量框架最新修订及其对银行业的影响：基于《巴塞尔Ⅲ最终改革方案》的分析［J］．财经理论与实践，2019，40（1）：2－9．

［22］甘当善．商业银行经营管理［M］．上海：上海财经大学出版社，2004．

［23］高冬民．从银行风险管理角度看监管效率的提高［J］．上海金融，2004（8）：29－32．

［24］郭振华．CAR/EAR承保风险的综合评价及组织实施程序研究［D］．上海：同济大学，2005．

［25］郭仲伟．风险分析与决策［M］．北京：机械工业出版社，1986．

［26］汉斯·乌里希·德瑞克．金融服务运营风险管理手册［M］．北京：中信出版社，2004.

［27］何士宏．谈保险经营风险管理机制的建立［J］．保险研究，1999（12）：34－35.

［28］洪梅，黄华珍．我国保险公司操作风险管控体系建设研究：基于国际经验视角［J］．保险研究，2012（11）：30－41.

［29］胡志军，薛荔丹．洪泳．日本生命人寿操作风险管理及借鉴［J］．中国保险，2017（2）：62－64.

［30］胡志军，袁中美，薛荔丹，等．保险公司操作风险损失分布量化及其应用［J］．保险研究，2017（2）：95－103.

［31］黄金波，李仲飞，姚海祥．基于CVaR核估计量的风险管理［J］．管理科学学报，2014，17（3）：49－59.

［32］嵇尚洲，陈方正．金融风险中的新领域：操作风险的度量与管理［J］．上海金融，2003（1）：39－41.

［33］蒋仁言．威布尔模型族特性、参数估计和应用［M］．北京：科学出版社，1998.

［34］金登华．利用极值理论计量银行操作风险［J］．统计与决策，2002（3）：46.

［35］酒井泰弘，刘昌黎．风险经济学：现状与课题［J］．财经问题研究，2004（5）：9.

［36］李斌，王颖慧，朱晓谦，等．保险业重要风险点的识别和演化分析：基于财务报告中披露的文本风险信息［J］．系统工程理论与实践，2022，42（2）：333－344.

［37］林源，李连友．中国商业财产保险欺诈损失度量实证研究［J］．系统工程学报，2015，30（4）：509－518.

［38］刘家鹏，詹原瑞，刘睿．基于贝叶斯网络的操作风险建模［J］．西安电子科技大学学报（社会科学版），2007（4）：32－39.

［39］刘建德．经济资本：风险和价值管理的核心［J］．国际金融研究，2004

　　（8）：44－49.

［40］刘俊民. 西方风险管理评估和以风险为基础的内部审计［J］. 长春金融高等专科学校学报，1999（3）：37－42.

［41］刘明华. 银行监管与风险管理［J］. 武汉金融，2003（2）：4－7.

［42］刘明辉，王晓霞. 企业风险基础审计中的专业判断［J］. 会计研究，2004（11）：71－75.

［43］刘睿，巴曙松. 基于记分卡的商业银行操作风险控制模拟研究［J］. 金融与经济，2010（2）：14－17.

［44］刘新立. 我国保险资金运用渠道的拓宽及风险管理［J］. 财经研究，2004（9）：66－73.

［45］刘新立，董峥. 论我国保险公司的整合风险管理［J］. 保险研究，2003（2）：31－34.

［46］鲁政委，陈昊. 巴塞尔协议Ⅲ操作风险资本监管的新标准法与实施挑战［J］. 金融监管研究，2019（4）：1－14.

［47］陆静，唐小我. 基于贝叶斯网络的操作风险预警机制研究［J］. 管理工程学报，2008，22（4）：56－61.

［48］陆静，王捷. 基于贝叶斯网络的商业银行全面风险预警系统［J］. 系统工程理论与实践，2012（2）：225－235.

［49］罗平，陈颖. 增强操作风险监管理念，适时纳入资本监管体系［J］. 金融会计，2003（10）：26－28，1.

［50］罗伟. 商业银行操作保险及资本准备金替代［J］. 金融教学与研究，2003（6）：62－65.

［51］吕西林，金国芳，吴晓涵. 钢筋混凝土结构非线性有限元理论与应用［M］. 上海：同济大学出版社，1997.

［52］茆诗松. 贝叶斯统计［M］. 北京：中国统计出版社，1999.

［53］米金华，李彦锋，彭卫文，等. 复杂多态系统的区间值模糊贝叶斯网络建模与分析［J］. 中国科学：物理学力学天文学，2018，48（1）：54－66.

［54］齐传君，熊艳春. 我国上市保险公司的风险分析与防范对策［J］. 保险研究，2004（4）：10 – 11，17.

［55］钱林浩. 保险资金运用风险管理面临考验［N］. 金融时报，2022 – 06 – 08（12）.

［56］乔立新，郭金歌，冯英俊. 建立我国网络银行操作风险资本值计量模型的探讨［J］. 商业研究，2004（11）：118 – 121.

［57］任达，周小琳. 基于贝叶斯网络的商业银行操作风险度量研究［J］. 重庆理工大学学报（自然科学），2018，32（7）：207 – 214.

［58］孙钢，沈依培. 浅析保险公司动态财务分析技术应用［J］. 上海保险，2014（1）：44 – 46，63.

［59］谈伟宪，董红蕾. 对商业银行风险管理的激励改进：基于内部评级法的视角［J］. 上海金融，2004（5）：33 – 34，29.

［60］陶海荣. VaR 方法及其在我国保险业风险管理中的应用［J］. 广西财政高等专科学校学报，2002（5）：30 – 32，42.

［61］田玲，蔡秋杰. 中国商业银行操作风险度量模型的选择与应用［J］. 中国软科学，2003（8）：38 – 42.

［62］田玲，黄斌. 保险在商业银行操作风险管理中的应用［J］. 科技进步与对策，2003，20（16）：143 – 145.

［63］田玲. 德国商业银行风险管理研究［M］. 北京：科学出版社，2004.

［64］完颜瑞云，周小菲，陈滔. 我国寿险公司成长的路径选择及影响因素分析［J］. 保险研究，2018（7）：45 – 59.

［65］汪锦丽，沈林楠. 银行内部审计在风险性监管中的杠杆作用［J］. 审计与经济研究，2004（5）：9 – 12.

［66］王建伟，彭建刚. 保险在商业银行操作风险管理中的应用研究［J］. 金融研究，2005（2）：124 – 132.

［67］王立勇. 内部控制系统评价的定量分析模型［J］. 财经研究，2004（9）：93 – 102.

［68］王娜，刘志刚. 保险资金运用的主要风险测定及管理［J］. 保险研究，

2004（6）：34 – 36.

[69] 王胜邦，王珺．操作风险资本监管改革［J］．中国金融，2016（9）：41 – 44.

[70] 王旭东．新巴塞尔资本协议与商业银行操作风险量化管理［J］．金融论坛，2004（2）：57 – 61，63.

[71] 王宗润，汪武超，陈晓红，等．基于 BS 抽样与分段定义损失强度操作风险度量［J］．管理科学学报，2012，15（12）：58 – 69.

[72] 魏海港．商业银行操作风险的测度和监管方法［J］．新金融，2002（8）：20 – 22.

[73] 魏建华．巴塞尔协议监管思想的深化［J］．经济理论与经济管理，2002（1）：5.

[74] 温树海．贝叶斯网络模型在商业银行操作风险管理中的应用［J］．商场现代化，2005（30）：395.

[75] 吴国华．保险企业财务风险的防范及控制研究［J］．商讯，2021（33）：65 – 67.

[76] 吴喜之．现代贝叶斯统计学［M］．北京：中国统计出版社，2000.

[77] 肖馨，马远，陈璐．商业银行智能风控探索［J］．中国金融，2019（11）：44 – 46.

[78] 肖远企．巴塞尔Ⅲ改革的"终结"与逻辑［J］．中国金融，2018（1）：85 – 87.

[79] 徐志宏．当前商业银行面临的经营风险及防范策略［J］．金融论坛，2004，9（1）：19 – 24.

[80] 杨继平，袁璐，张春会．基于结构转换非参数 GARCH 模型的 VAR 估计［J］．管理科学学报，2014，17（2）：69 – 80.

[81] 杨军．风险管理与巴塞尔协议十八讲［M］．北京：中国金融出版社，2020.

[82] 杨凯生，刘瑞霞，冯乾．《巴塞尔Ⅲ最终方案》的影响及应对［J］．金融研究，2018（2）：30 – 44.

[83] 易雁青，等. 保险公司的经营风险及其管理 [J]. 保险研究，2001 (4)：67 –70.

[84] 于晨，周玮. 商业银行操作风险损失计量路径与方法探讨 [J]. 经济理论与经济管理，2014 (2)：78 –84.

[85] 于九如. 投资项目风险分析 [M]. 北京：机械工业出版社，1997.

[86] 袁靖，陈伟. 银行操作风险经济资本计量方法在我国应用的实证研究 [J]. 武汉金融，2011 (3)：54 –56.

[87] 袁中美，郭金龙，胡志军. 基于国际视角的寿险公司操作风险管控研究 [J]. 金融理论与实践，2017 (9)：1 –6.

[88] 曾园. 银行操作风险贝叶斯网络量化控制研究 [J]. 金融监管研究，2017 (8)：18 –38.

[89] 詹原瑞. 影像图理论方法与应用 [M]. 天津：天津大学出版社，1995.

[90] 张洪涛. 美日英韩四国及台湾地区保险资金运用的启示 [J]. 保险研究，2003 (5)：38 –40.

[91] 张君. 论我国保险公司的风险管理 [J]. 保险研究，2003 (3)：10 –12.

[92] 张黎. 浅议商业银行基层营业机构前台业务操作风险，成因及防范措施 [J]. 新金融，2003 (9)：24 –25.

[93] 张连增. 风险论 [M]. 北京：中国财政经济出版社，2004.

[94] 张朋柱，李鸿可，宋远方. 企业经营风险管理技术 [J]. 西北大学学报，1999 (29)：426 –429.

[95] 张庆洪. 保险经济学导论 [M]. 北京：经济科学出版社，2004.

[96] 张庆洪，赵蕾. 基于新巴塞尔协议的保险企业风险划分体系研究 [J]. 同济大学学报（社会科学版），2007 (1)：95 –100.

[97] 章建伟，周宇梅. 我国保险公司操作风险度量的新思路：来自欧盟的经验 [J]. 上海金融，2011 (10)：33 –38.

[98] 赵家敏，张倩. 银行操作风险计量与管理综合模型研究 [J]. 国际金融研究，2004 (8)：55 –60.

[99] 赵蕾, 张庆洪. 操作风险整体评估方法: 基于拓扑数据模型的影响图 [J]. 系统工程理论与实践, 2010, 30 (9): 1563-1571.

[100] 赵蕾, 张庆洪. 奖励还是惩罚: 金融企业控制操作失误的激励机制研究 [J]. 辽宁大学学报 (哲学社会科学版), 2009, 37 (4): 133-138.

[101] 赵蕾. 新偿付能力监管下保险公司信息系统操作风险量化管理研究 [J]. 保险研究, 2023 (10): 67-81.

[102] 赵宇龙, 谈永晖. 我国保险公司的风险分类模型: 资产负债表视角 [J]. 精算通讯, 2005, 5 (1): 18-22.

[103] 钟伟, 沈闻一. 新巴塞尔协议操作风险的损失分布法框架 [J]. 上海金融, 2004 (7): 23-26.

[104] 钟伟, 王元. 略论新巴塞尔协议的操作风险管理框架 [J]. 国际金融研究, 2004 (4): 44-51.

[105] 钟学燕, 陈国青, 孙磊磊, 等. 基于多视角特征融合的移动信息服务模式挖掘 [J]. 系统工程理论与实践, 2018, 38 (7): 1853-1861.

[106] 周效东, 杨书昆. 金融风险新领域: 操作风险度量与管理研究 [J]. 中国软科学, 2003 (12): 38-42.

[107] 朱剑锋. 借鉴国际银行经验构建我国银行业风险管理体系 [J]. 国际金融研究, 2004 (4): 70-77.

[108] 卓志. 保险经营风险防范机制研究 [D]. 成都: 西南财经大学, 1997.

[109] 卓志, 吴洪, 宋清. 保险业风险管理框架: 基于经济周期的扩展建构 [J]. 保险研究, 2010 (7): 70-77.

[110] Airmic. IRM's Risk Management Standard [C]. The National Forum for Risk Management in the Public Sector, The Association of Insurance and Risk Managers, London, UK. , 2002.

[111] Alexander C. Statistical Model of Operational Risk Loss [M]//Fabozzi F J. Handbook of Finance Volume Ⅲ. John Wiley & Sons, 2008: 238-256.

[112] Alexander C. Operational Risk: Regulation, Analysis and Management [M]. Financial Times Management, 2003.

[113] Allianz. Finding a Home for 'Hard to Measure' Liabilities [C]. CCA/AAA Joint Annual Meeting, Orlando, 2004.

[114] Anders U. Measuring of Economic Capital [M]. Pearson Education, 2003.

[115] Basel Committee. Sound Practices for the Management and Supervision of Operational Risk [R/OL]. http://www. bis. org, 2003.

[116] Basle committee on Banking supervision. International Convergence of Capital Measurement and Capital Standards: A Revised Framework [R/OL]. http://www. bis. org, 2004.

[117] BBA, CA. Operational Risk Database Loss Categorization [R]. British Bankers Association, 2002.

[118] BCBS. Working Paper on the Regulatory Treatment of Operational Risk [R]. Bank for International Settlements, Basel Committee on Banking Supervision, 2001.

[119] BCBS. Sound Practices for the Management and Supervision of Operational risk [R]. Bank for International Settlements. Basel Committee Publications, No 96, 2003.

[120] Buckley J J, Eslami E, Feuring T. Fuzzy Mathematics in Economics and Engineering [M]. Physica-Verlag HD, 2002.

[121] Blunden T. Thirlwell J. Mastering Operational Risk [M]. Ft Prentice Hall, 2010.

[122] Calandro J J, Fuessler W, Sansone R. Enterprise Risk Management-An Insurance Perspective & Overview [J]. Journal of Financial Transformation, 2008, 22: 117 – 122.

[123] Currie C V. Basel II and Operational Risk-An Overview [M]//Cruz M. Operational Risk Modelling and Analysis. Risk Books, 2004: 59 – 104.

[124] CAS. Final Report of the Advisory Committee on Enterprise Risk Manage-

ment［R］. Casualty Actuarial Society, 2004.

［125］ CAS. Overview of Enterprise Risk Management［R］. Enterprise Risk Man-
agement Committee, Casualty Actuarial Society, 2003.

［126］ Chernobai A, Rachev S. Stable Modelling of Operational Risk［M］//Cruz
M. Operational Risk Modelling and Analysis. Risk Books, 2004: 139 –
169.

［127］ Clemente A D, Romano C. A Copula-Extreme Value Theory Approach for
Modelling Operational Risk［M］//Cruz M. Operational Risk Modelling and
Analysis. Risk Books, 2004: 189 – 208.

［128］ COSO. Enterprise Risk Management Framework［R/OL］. www. coso. org,
2004.

［129］ Cowell R G, Verrall R J, Yoon Y K. Modelling Operational Risk with
Bayesian Networks［J］. Journal of Risk and Insurance, 2007, 74 (4):
795 – 827.

［130］ Cruz M G. Modeling, Measuring and Hedging Operational Risk［M］. John
Wiley & Sons, 2002.

［131］ Currie C V. Basel Ⅱ and Operational Risk: An Overview［J］. Operational
Risk Modelling and Analysis, 2004: 271 – 286.

［132］ Dalla V L, Giudici P. A Bayesian Approach to Estimate the Marginal Loss
Distributions in Operational Risk Management［J］. Computational Statistics
& Data Analysis, 2008, 52 (6): 3107 – 3127.

［133］ Doerig H U. Operational Risks in Financial Services: An Old Challenge in a
New Environment［R］. Credit Suisse Group, 2000.

［134］ Doerig H U. Operational Risk in Financial Services［R］. Credit Suisse
Group, 2003.

［135］ Dowd V. Measuring of operational Risk: Basel Method［M］//Carol Alex-
ander. Operational Risk: Regulation, Analysis and Management, Finan-
cial Times Management, 2003: 31 – 48.

[136] Dubois D, Godo L, López De Màntaras R, et al. Qualitative Reasoning with Imprecise Probabilities [J]. Journal of Intelligent Information Systems, 1993, 2: 319 – 363.

[137] Elishakoff I, Ren Y J, Shinozuka M. Variational Principles Developed for and Applied to Analysis of Stochastic Beams [J]. Journal of Engineering Mechanics, 1996, 122 (6): 559 – 565.

[138] Embrechts P, Schmidli H. Modelling of Extremal Events in Insurance and Finance [J]. Zeitschriftfür Operations Research, 1994, 39: 1 – 34.

[139] Evans J R, Olson D L. Introduction to Simulation and Risk Analysis [M]. Prentice-Hall, 1998.

[140] FSA. CP190: Enhanced Capital Requirements and Individual Capital Assessments for Non-Life Insurers [R]. Financial Services Authority, 2003b.

[141] FSA. Operational Risk Systems and Controls [R]. Financial Services Authority, 2002.

[142] FSA. The Firm Risk Assessment Framework [R]. Financial Services Authority, 2003a.

[143] Giudici P, Bilotta A. Modelling Operational Losses: A Bayesian Approach [J]. Quality and Reliability Engineering International, 2004, 20 (5): 407 – 417.

[144] Giudici P. Integration of Qualitative and Quantitative Operational Risk Data: A Bayesian Approach [M]//Cruz M. Operational Risk Modelling and Analysis. Risk Books, 2004: 131 – 138.

[145] Haas M, Kaiser T. Tackling the Inefficiency of Loss Data for the Quantification of Operational Loss [M]//Cruz M. Operational Risk Modelling and Analysis. Risk Books, 2004: 13 – 24.

[146] Häger D, Andersen L B. A Knowledge Based Approach to Loss Severity Assessment in Financial Institutions Using Bayesian Networks and Loss Determinants [J]. European Journal of Operational Research, 2010, 207 (3):

1635 – 1644.

[147] Harsanyi J C. Games with Randomly Disturbed Payoffs: A New Rationale for Mixed-Strategy Equilibrium Points [J]. International Journal of Game Theory, 1973 (2): 1 – 23.

[148] Haubenstock M. The Evolving Operational Risk Management Framework [J]. The RMA Journal, 2001, 84 (4): 5.

[149] Haubenstock M. Hardin L. The Loss Distribution Approach [M]//Alexander C. Operational Risk: Regulation, Analysis and Management. Financial Times Management, 2003: 171 – 192.

[150] Haubenstock M. The Operational Risk Management Framework, Operational Risk [M]//Alexander C. Operational Risk: Regulation, Analysis and Management, Financial Times Management, 2003: 241 – 261.

[151] Heaton J. Artificial Intelligence for Humans [M]. Heaton Research, Inc., 2015.

[152] Hereford N, Shuetrim G, Authority A P R. Using Stratified Sampling Methods to Improve Percentile Estimates in the Context of Risk Measurement [M]. Australian Prudential Regulation Authority, 2000.

[153] Hoffman D G. Managing Operational Risk: 20 Firmwide Best Practice Strategies [M]. John Wiley & Sons, 2002.

[154] Holmstrom B, Milgrom P. Aggregation and Linearity in the Provision of Intertemporal Incentives [J]. Econometrica: Journal of the Econometric Society, 1987: 303 – 328.

[155] Hora S, Jensen M. Expert Judgment Elicitation, SSI report [R]. Swedish Radiation Protection Authority, 2002.

[156] Kalhoff A, Haas M. Operational Risk Management based on the Current Loss Data Situation [M]//Cruz M. Operational Risk Modeling and Analysis. Risk Books, 2004: 5 – 12.

[157] Kim J H, Pearl J. A Computational Model for Causal and Diagnostic Rea-

soning in Inference Systems [C]//International Joint Conference on Artificial Intelligence, 1983.

[158] King J L. Operational Risk: Measurement and Modelling [M]. John Wiley & Sons, Ltd., 2001.

[159] Kochenderfer M J. Decision Making under Uncertainty: Theory and Application [M]. MIT press, 2015.

[160] Kosko B. Fuzzy Cognitive Maps [J]. International Journal of Man-Machine Studies, 1986, 24 (1): 65 – 75.

[161] Kuhn M, Johnson K. Applied Predictive Modeling [M]. New York: Springer, 2013.

[162] Kühn R, Neu P. Adequate Capital and Stress Testing for Operational Risks [M]//Cruz M. Operational Risk Modelling and Analysis. Risk Books, 2004: 273 – 292.

[163] Leddy M T. Operational Risk and Insurance [M]//Carol Alexander, Operational Risk: Regulation, Analysis and Management, Financial Times Management, 2003: 101 – 128.

[164] Lore M. The Professional's Handbook of Financial Risk Management [M]. Butterworth-Heinemann, 2000.

[165] Mackenzie D, Millo Y. Negotiating a Market, Performing Theory: The Historical Sociology of a Financial Derivatives Exchange [J]. SSRN Electronic Journal, 2003, 109 (1): 107 – 145.

[166] Mignola G, Ugoccioni R, Cope E. Comments on the Basel Committee on Banking Supervision Proposal for a New Standardized Approach for Operational Risk [J]. Journal of Operational Risk, 2016, 11 (3): 51 – 69.

[167] Morgan M G, Henrion M. Uncertainty: A Guide to Dealing with Uncertainty in Quantitative Risk and Policy Analysis [M]. Cambridge University Press, 1992.

[168] Nadkarni S, Shenoy P. A Causal Mapping Approach to Constructing Bayes-

ian Networks [J]. Decision support systems, 2004, 38 (2): 259 – 281.

[169] Nadkarni S, Shenoy P P. A Bayesian Network Approach to Making Inferences in Causal Maps [J]. European Journal of Operational Research, 2001 (128): 479 – 498.

[170] Nash R. The Three Pillars of Operational Risk [M]//Alexander C. Operational Risk: Regulation, Analysis and Management, Financial Times Management, 2003: 3 – 13.

[171] Neil M, Fenton N, Tailor M. Using Bayesian Networks to Model Expected and Unexpected Operational Losses [J]. Risk Analysis: An International Journal, 2005, 25 (4): 963 – 972.

[172] Newberry J, Haubenstock M. Collecting Operational Risk Event Data: A Series Designed to Introduce Readers to the Tools Used in the Management of Operational Risk in Todays Financial Services Industry [J]. The RMA Journal, 2002, 4 (1): 65 – 71.

[173] Opdyke J D. Estimating Operational Risk Capital with Greater Accuracy, Precision and Robustness [J]. Journal of Operational Risk, 2014, 9 (4): 3 – 79.

[174] Opdyke J D. Fast, Accurate, Straight for ward Extreme Quantilesof Compound Loss Distributions [J]. Journal of Operational Risk, 2017, 12 (4): 1 – 30.

[175] Peccia A. Using Operational Risk Models to Manage Operational Risk [M]//Alexander C. Operational Risk: Regulation, Analysis and Management, Financial Times Management, 2003: 162 – 284.

[176] Pyle D H. Bank Risk Management: Theory [C]. Risk Management and Regulation in Banking: Proceedings of the International Conference on Risk Management and Regulation in Banking (1997). Boston, MA: Springer US, 1999: 7 – 14.

[177] Quenk N L. Essentials of Myers-Briggs Type Indicator Assessment [M].

John Wiley & Sons, 2009.

[178] Ramamurthy S, Arora H, Ghosh A. Operational Risk and Probabilistic Networks: An Application to Corporate Actions Processing [R]. Infosys White Paper, 2005.

[179] Renooij S, Witteman C. Talking Probabilities: Communicating Probabilistic Information with Words and Numbers [J]. International Journal of Approximate Reasoning, 1999, 22 (3): 169 – 194.

[180] Requena G, Delbem D, Diniz C. An Alternative Operational Risk Methodology for Regulatory Capital Calculation [M]//Polpo A, Louzada F, Rifo L, Stern J, Lauretto M. Interdisciplinary Bayesian Statistics. Springer, 2015: 243 – 252.

[181] Santomero A. Financial Risk Management: The Why and How [J]. Financial Markets Institutions and Investments, 1995, 4 (5): 1 – 14.

[182] Silvapulle P, Tursunalieva A. Estimation of Operational Risks Using Non-Parametric Approaches with an Application to US Business Losses [C]. 24th Australasian Finance and Banking Conference, UNSW, Sydney, 2011.

[183] Saunders A. Financial Institutions Management: A Modern Perspective [R]. McGraw-Hill Companies, Inc. , 2000.

[184] Serwer J. Build and Operate Operational Loss Data [M]//Ashby S, Barber J, Consiglio A. Advances in Operational Risk: Firm-Wide Issues for Financial Institutions, Risk Books, 2001.

[185] Taha H. Operations Research: An Introduction [M]. Prentice Hall, 2010.

[186] The Basel Committee on Banking Supervision. International Convergence of Capital Measurement and Capital Standards: a Revised Framework [R/OL]. www. bis. org, 2004.

[187] Tripp M H, Bradley H L, Devitt R, et al. Quantifying Operational Risk in General Insurance Companies. Developed by a Giro Working Party [J].

British Actuarial Journal, 2004, 10 (5): 919 – 1012.

[188] Vares K. Contract Management and Operational Risk [M]//Cruz M. Operational Risk Modelling and Analysis. Risk Books, 2004: 25 – 58.

[189] Verheyen M. Operational Risk Management in a Property/Casualty Insurance Company [C]. Casualty Actuarial Society Spring Meeting presentation, Phoenix Arizona USA, 2005.

[190] Voit J. From Brownian Motion to Operational Risk: Statistical Physics and Financial Markets [J]. Physica A: Statistical Mechanics and its Applications, 2003, 321 (1 – 2): 286 – 299.

[191] Vose D. Risk Analysis: A Quantitative Guide [M]. John Wiley & Sons, 2008.

[192] Wee Y Y, Cheah W P, Tan S C, et al. A Method for Root Cause Analysis with a Bayesian Belief Network and Fuzzy Cognitive Map [J]. Expert Systems with Applications, 2015, 42 (1): 468 – 487.

[193] Williams D. Implementing Operational Risk Solutions [M]//Cruz M. Operational Risk Modelling and Analysis. Risk Books, 2004: 105 – 122.

[194] Witten I H, Frank E, Hall M A. Data Mining: Practical Machine Learning Tools and Technique [M]. Morgan Kaufmann, 2011.

后　记

《保险公司偿付能力监管规则（Ⅱ）》的实施意味着我国大型保险公司已经正式踏上操作风险量化管理之路。本书涵盖了操作风险量化管理的整体框架和主要内容，兼容规则Ⅱ，既研究了相关理论问题也具有较好的可操作性，为保险公司操作风险量化管理提供了整体解决方案。

操作风险量化管理着重在管理全过程中应用定量方法，强调操作风险管理决策基于标准分析、精确分析的科学性。

在风险分类过程中，保险公司的风险分类体系及操作风险分类原则的应用必须科学而有明确的目的。在数据收集过程中，操作风险损失事件数据收集必须遵循清晰的规则和科学的数据模型。利用操作风险拓扑数据模型可以挖掘操作风险历史损失事件的信息。在风险评估过程中，损失分布法在度量操作风险子类时更为有效，基于拓扑数据模型的影响图方法在操作风险整体度量时更有优势。对于操作风险频繁变化的领域，例如信息系统操作风险，可以采用基于模糊认知图和贝叶斯网络的量化管理方法。在风险偏好体系设定过程中，总的量化目标可以是确定经济资本总量的置信度。操作风险管理目标可以是总的操作风险VaR限额。在风险监控过程中，关键风险指标的选择要确保其与操作风险损失有较强相关性和敏感性。在措施选择过程中，利用操作风险评估结果和敏感性分析，对各种操作风险控制和转移措施进行成本效益分析，以总风险成本最小化为目标，兼顾对公司流动性的影响，设定行动优先级，制定成本预算，作出最优决策。根据风险评估结果，通过预算管理应对操作风险预期损失，通过经济资本应对操作风险非预期损失。在其他方面，如绩效评定、应急预案的设置、供应商选择、合同谈判条件、投保方案设计等也需要量化管理支持。

　　操作风险量化管理，"量化"是关键，"科学"是目标。读者通读本书，将会理解对于操作风险的管理既需要量化手段，又不能完全追求操作风险度量的准确性。操作风险的量化归根结底是为了服务于管理，而不是为了寻求一个数学问题的答案。所以保险公司在实施操作风险量化管理时，不需要过度担心在度量方法不够精确或客观时，量化管理是否仅是空中楼阁。我们需要的是一个可执行的操作风险量化管理体系。只要公司内部操作风险量化管理的方法保持一致，那么基于此的决策就具有可比性。而且量化管理方法可以通过回溯、压力测试等技术不断改进。

　　保险公司操作风险量化管理关注"量化"，但非量化手段也至关重要，如操作风险管理的组织体系、管理流程、企业文化、激励机制等。

　　从操作风险被金融界认识以来，围绕操作风险的研究和实践不断进步，但均无法改变操作风险是金融机构固有风险的本质。未来，我国保险业在转型升级、高质量发展道路上必将面临新的操作风险管理挑战。这些挑战可能来自突破性的技术、新的商业模式和与第三方的互动。操作风险量化管理必须跟上保险行业的发展变化。希望我国保险公司能够针对操作风险的特点，在科学收集和使用操作风险数据、迭代升级操作风险评估技术的基础上，与时俱进创造性地作出操作风险管理决策，探索出中国特色的操作风险量化管理之路。